バイオレンス

攻撃と怒りの臨床社会心理学

湯川進太郎

北大路書房

はじめに
暴力を研究することの意義

暴力的な社会

　暴行，強姦，殺人，強盗，恐喝，いじめ，差別，暴動，戦争など，私たちの社会に暴力（バイオレンス）が絶えることはありません。新聞やインターネットを見れば，毎日どこかで誰かが誰かと争っていることがわかります。残酷な事件や悲惨な戦争の様子が，連日のようにテレビのニュースで報道されています。一方，自分の生活する周囲に目を転じて見渡してみれば，こちらもそこかしこでいさかいが起きています。けれども私たちは，自分がまず無事であることに汲々としていて，なかなか他人のことまで親身に考えるまでに至らない状況にあります。ただ，同時に，謂われない不当な理由で怒鳴られたり殴られたり，不幸にも命を落としたりする人がいることを考えると，やり切れない思いもします。

　暴力はダメだ，暴力をなくせ，というのはマスメディアのスローガンであり，裏返すと国民の願いでもあります。しかし，そう単純に何とかなるというものではありません。事は複雑です。有史以来，私たちは幾度となく争ってきました。そして，今でもどこかで争っています。つまり，暴力を完全に根絶することはほとんど不可能といえます。だとすると，どうせ暴力なんてなくならないのだから，何とかしなければならないと神経質になってもしょうがないと思ってしまうこともあるでしょう。しかし，今起きている争いごとは，

合理的な視点から見ても，必要な争いであるとはとうてい思えないものが多数見受けられます。

平穏な社会

　私は，毎日，静寂で平穏な生活を送りたいと願っています。だけれども，社会という人と人の間に生きていると，どうもそういうわけにはいかないようなのです。テレビで非論理的なことを言っている評論家や司会者，買った商品を手荒く扱うスーパーのレジ係，席を詰めない通勤電車のサラリーマン，スーパー銭湯を温水プールと勘違いしているお子様たち…。それでも，表向き，顔は笑っていることにしています。基本的に，人と争うことは無益なことのように思えるからです。でも，こういう生活はやはり疲れてしまいます。

　できれば，世の中もっと楽に生きられるように，少しでも静寂な毎日が送れるように，平穏な社会になってほしいと願っています。自分がなぜ暴力の研究をしているのか，その理由は自分でもよくわかりませんが，こういうごく個人的な願いがその根底にあることはきっと間違いないでしょう。ただ，幸運なことに，今に至るそうした個人的な理由やプロセスはさておき，暴力について研究することは，どうやら社会的には認められるようなのです。

社会的還元（本書の目的）

　私以外にも，理由はさまざまだけれども，暴力の問題に困ってい

る人がいるはずです。たとえば，学校の先生や更生施設の教官の人たち，あるいは病院やクリニックで心理臨床に携わる人たち，裁判官や警察官の人たちなど，暴力が切実な現実問題になっている方も多いでしょう。こういう方たちは，自分自身の問題ではなく，自分以外の他者のために心を痛めている人たちであって，相当なご苦労をなされているはずです。

であるのなら，私が研究したことを本にすれば，少しでも世の中に貢献できるのではと思いました。それが給料をもらって研究している学者の義務だと思います。ですので，私の本を読んで，暴力で苦慮している人の道がほんの少しでも開ければ，素直にうれしいと感じます。また，これから暴力の問題を研究していきたいという学生や院生の方に，私がこれまで研究してきたことをまとめて提供できるよい機会でもあります。今後ますます活発に暴力の問題に取り組んでいくであろう私よりも若い世代の方たちにとって（私も若いですが），少しでも役立てば，これもうれしく思います。要するに，この本を読んで，人間の暴力の問題への理解が少しでも深まればありがたいと，ただそれだけを思っています。

暴力の問題は身近だから，人はそれぞれ自分の経験に照らして，ある程度は理解しています。しかし，もう少し細かく深く厳密に考えると，さまざまな問題が絡んで一筋縄ではいきません。本書は，そうした暴力の問題を考えるうえでのヒントとしてさまざまな研究や理論を紹介することで，今よりも静寂で平穏な世界をめざそうとするための本です。私にとってもみなさんにとっても。

ただ，読み物としてはたぶん，堅くて真面目な本です。本当は，

やさしく読みやすい本を書こうと思ったのですが，また，そういう読みやすい本を書いてくれと北大路書房の関一明さんから頼まれたのですが，これはきっと私が生来の生真面目な人間だから，残りは私の力不足から，そうはならなかったのだと思います。だから，我慢してはじめから通して読んでいただくか，我慢するのが嫌いな方は，目次を見て関心のあるところだけ読んでください。

　なお，ここまで「暴力」という言葉を使ってきましたが，厳密に言うと「暴力」は「攻撃」や「怒り」とは意味が少し違います（違いについては第1章で触れます）。学術的には，「暴力」の研究というよりも，「攻撃」や「怒り」についての研究がなされてきました。だから，副題は，＜攻撃と怒りの臨床社会心理学＞となっています。ただ，私たちの日常生活で目についたり，問題視されたり，何とかしなくてはいけなかったりするのは，おもに「暴力」だと思うので，主題は『バイオレンス（暴力）』というタイトルにしました。

　あと，「臨床社会心理学ってなんだ？」という疑問もあるでしょう。私としては，臨床に役立つテーマについて社会心理学の方法論に基づいて実証的にアプローチする学問分野だと単純に考えています。世の中には他にもたくさんの著名な臨床社会心理学者がいますが，その方たち全員が同じような定義をしているかどうかはわかりません。ただ，少なくとも私自身は，上のようなつもりで使っています。

　さて，そろそろ本題に入る頃合いです。それでは「あとがき」でまた会いましょう。

目次

はじめに　暴力を研究することの意義　i
　　暴力的な社会　i
　　平穏な社会　ii
　　社会的還元（本書の目的）　ii

第1部　暴力について考えるための基礎知識 …… 1

第1章　攻撃の定義と分類 …… 2
　　攻撃の定義　2
　　攻撃の分類　5

第2章　攻撃の測定 …… 10
　　行動的指標（実験・観察的手法）　11
　　実験的手法の問題点　15
　　言語的指標（調査・面接的手法）　18

第3章　攻撃の理論 …… 25
　　心理学的な説明理論　26
　　　　内的動機説　26 ／ 道具的機能説　28 ／ 相互作用説　31 ／ 統合説　33
　　生物学的な説明理論　35

第2部　暴力を取り巻く環境 ……………… 39

第4章　攻撃の環境要因 ……………… 40
受動的環境　40
能動的環境　44

第5章　暴力映像と攻撃 ……………… 46
社会的な取り組み　47
学際的な取り組み　47
暴力映像の影響　48
日本における映像研究　53

第6章　暴力的テレビゲームと攻撃 ……………… 57
暴力的テレビゲームの影響　58
日本におけるゲーム研究　61

第7章　メディア暴力の影響 ……………… 65
説明理論　65
攻撃行動の種類とメディア暴力の複合的影響　69

第8章　ポルノグラフィと性暴力 ……………… 72
ポルノグラフィの影響についての研究方法　72
攻撃への影響　73
性暴力への影響　74

第3部　暴力に関わる個人差 ………………… 79

第9章　攻撃の個人内要因 ………………… 80
発達による差　80
パーソナリティによる差　83
性別による差　84
性差の説明理論　85

第10章　自己愛と攻撃 ………………… 87
誰のために攻撃するのか？　87
自己の観点から見た攻撃　88
理論的背景　89
実証研究　92
自己と虚構　93
自己愛と自己存在感の希薄さ　93

第11章　自己存在感と攻撃 ………………… 95
現代社会と自己存在感　95
自己存在感の希薄さとは何か？　96
自己存在感の希薄さと攻撃性　98
自己存在感の希薄さと自己愛　100

第4部 暴力の制御に向けて ……………… 103

第12章 怒りの理論と定義 ……………………………… 104
怒りに関する4つの視点と定義　104
攻撃と怒りの関係　108

第13章 攻撃と怒りの制御 ……………………………… 111
制御とは何か？　111
制御に関する研究の概観　113
言語化と筆記　118

第14章 教育的介入プログラム ………………………… 120
児童への教育プログラム　121
青年・成人への教育プログラム　122

引用文献　124

あとがき　140

第1部
暴力について考えるための基礎知識

第1章
攻撃の定義と分類

　人間の**攻撃**（aggression）について考えるに先立って，まず，攻撃を定義することから始めましょう。心理学ではこのように，検討する対象あるいは概念をはっきりさせてから研究に入るのが通例です。

攻撃の定義

　「あいつの議論の仕方は攻撃的だから癪に障る」「中田はこの試合，攻撃的ミッドフィルダーのポジションについているようだ」「隣国からの攻撃を常に監視し続ける必要がある」など，私たちは普段から「攻撃」という言葉をよく使っています。では，改めて攻撃とは何かと問うと，言葉で表わすことが意外にむずかしいことがわかります。心理学で扱う対象や現象はすべて人間行動についてなので，誰でも実感できたり多くの人に共通理解が得られたりするけれども，厳密に言葉にしようとするとむずかしいのです。

　たとえば，外科手術で医者がメスを使って開腹する行為や，歯医者がペンチで歯を抜く行為は，出血を伴う痛みをもたらします（もちろん麻酔はしているとしても）。ただ，このような開腹や抜歯と

いう行為は，実際に患者を傷つけてはいるものの，普通これを攻撃とはいいません。あくまで治療という目的に基づいた行動です。患者は患部を治療してもらおうと自ら病院に赴き，医者は治療をしようと患者に対しています。また，最近はK-1やPRIDEなどの格闘技ブームですが，リングに上がって殴り合い蹴り合う格闘家の行為はどうでしょうか。たしかに，お互いに傷つけ合うこうした行為こそ攻撃の最たるものかもしれませんが，彼らは社会的に容認されたスポーツという枠組みの中で，お互いの格闘能力を競い合うという目的に基づいて自ら闘いに臨んでいます。試合後，お互いに握手したり抱き合ったりする姿を見れば，けっして相手が憎くて殴り合っていたわけではないことは明らかです。したがって，これを攻撃として社会的に問題視する必要はありません。ただ，この格闘技を見ることで視聴者なり観客なりが攻撃的になるという影響は，また別の問題としてあります。この問題は，第5章で述べる暴力映像の議論を参照してください。

　ここからいえるのは，攻撃として心理学の研究対象となるには，その行動の見た目の様子だけではなく，行為者の意図と受け手の意図がかかわってくるということです。つまり，行為の背景に心理的な**意図**を想定して初めて，ある行動が攻撃ならば攻撃として成立します。この点を踏まえて，バロンとリチャードソン（Baron & Richardson, 1994）は，攻撃（行動）を，「**そのように扱われることを避けたいと動機づけられた他の生活体を害したり傷つけたりするという目標へと向けられた，あらゆる形態の行動**」（p.7）と定義しています。言い換えれば，攻撃されることを意図しない相手に，攻撃しようとする意図をもってなされる行動を，研究対象としての攻撃と見なそうというものです。実際私たちには，行動の見た目しか客観的に判断する材料はないのだけれども，その行動だけを分析する

第1部　暴力について考えるための基礎知識

のではなく，このように背後に心理的な世界を想定するという考え方こそ，心理学の学問としてのむずかしさでもありおもしろさでもあります（なお，行動だけを純粋に分析するのが行動主義であり，それに基づいた行動分析と呼ばれる領域もあります）。ある行動が攻撃として成立する条件の問題について詳しくは，湯川（2001a）が参考になります。

コレは
攻撃ではなく
治療デス

くつに
たいりょーの
がびょうが!!

コレは攻撃デス

　治療台やリングに上がる患者や格闘家は，自ら選択的にその状況を求めているのであり，けっして嫌がり拒んでいるわけではないので，医者や対戦相手の行動は攻撃とはなりません。ただ，もうやめてほしいと頼む患者や対戦相手の懇願を無視して行動を続けた場合は，攻撃となります。同じ論理で，自傷行為のように攻撃者と攻撃対象者が両方とも自分であったり，サディスト－マゾヒスト関係であったりする場合も，攻撃の対象となっている受け手が避けようとしていないので，これらも攻撃行動に入りません（あるいは，本書で扱う攻撃とはまた別の問題として扱ったほうがよいでしょう）。また，事故や過失や能力不足などから，意図せず妨害や障害などの

危害を与えてしまった行動も，攻撃の範疇から除かれます。つまり，傷つけようという意図こそが重要なのであって，その意味では，行為の結果（未遂か既遂か）は攻撃かどうかの判断に関係ありません。たとえば，刺そうとしたナイフが刺さらなかったり，殴ろうとした相手にかわされたりして，行為の受け手にとって実害がなかったとしても，攻撃と見なされます。このように，ある行動が攻撃とされるかどうかは，行為者の意図と受け手の意図によって決定されるのです。

定義の話の最後に，本書のタイトルにもなっている**暴力**（violence）と攻撃との違いを示します。私たちはしばしば，攻撃という言葉以外に，これに似た「暴力」という言葉も用います。あるいは，攻撃と暴力をほぼ同じ意味で使っている場面もよく見かけます。しかし学術的には，攻撃と暴力は厳密に区別されています。すなわち，暴力とは，攻撃の下位分類である極端な身体的攻撃の形態のことをさしています（Krahé, 2001）。定義的には，「破壊，処罰，支配する目的で，人やその人の持ち物に対して激しい身体的な力を行使することである」（Geen, 1995）とされています。この定義からもわかるように，一般的には，攻撃の概念が示す広い範囲の行動よりも，暴力の定義に含まれる狭い範囲の極端な身体的攻撃こそが，社会問題として指摘されることが多いわけです。このために，本書のタイトルを暴力（バイオレンス）としました。

攻撃の分類

攻撃の定義がすんだところで，次に，攻撃にはいったいどんな種類があるのかを見ていきましょう。攻撃と一口にいっても，その種

類はきわめて多様です。そこで以下では、形態・目標・機能・動機による分類を示すことで、攻撃を捉える基本的な枠組みを提供することとします。

■**形態による分類**　バス（Buss, 1961）は、形態的な側面から攻撃行動を8つのタイプに分類しています。まず、**身体－言語**の次元は、物理的な攻撃行動か心理的な攻撃行動かです。次に、**能動－受動**の次元は、自分から攻撃を仕掛けるか相手の働きかけを拒否・妨害・無視するかです。最後に、**直接－間接**の次元は、自ら相手に直接手を下すか間接的に相手が傷つく状況を作り上げるかです。たとえば、馬鹿にされて腹が立って相手を殴ってしまった場合は、身体的・能動的・直接的な攻撃ということになります。

■**目標による分類**　攻撃行動は、その目標から大きく2つに分類されます。1つは、攻撃して相手を苦しめることそのものが目標である**敵意的攻撃**（感情的攻撃、衝動的攻撃）です。もう1つは、攻撃を手段として用いることで別の何かを手に入れることが目標である**道具的攻撃**（戦略的攻撃、制御的攻撃）です（Baron & Richardson, 1994, p.12）。前者は自動的、完結的、価値合理的といった性質を特徴とし、後者は統制的、手段的、目的合理的といった性質を特徴とします。どちらも、被害を受けたくない他者に何らかの害を加えようとする意図的行動なので、攻撃行動であることには変わりありません。ここでの両者の違いは、その目標をどこに置くかにあります。たとえば、侮辱した相手に仕返しをしてその相手が困ることで終結する行為は前者の敵意的攻撃であり、「金を出せ！」と他人を脅して現金を手に入れることで終結する行為は後者の道具的攻撃です。前者の場合、仮に裁判沙汰となって結果的に賠償金や示談金

が得られたとしても,それは本来の目標ではありません。また,後者の場合,脅した相手が憎いわけではないので,結果的にその相手が困ったとしても,それは本来の目標ではありません。

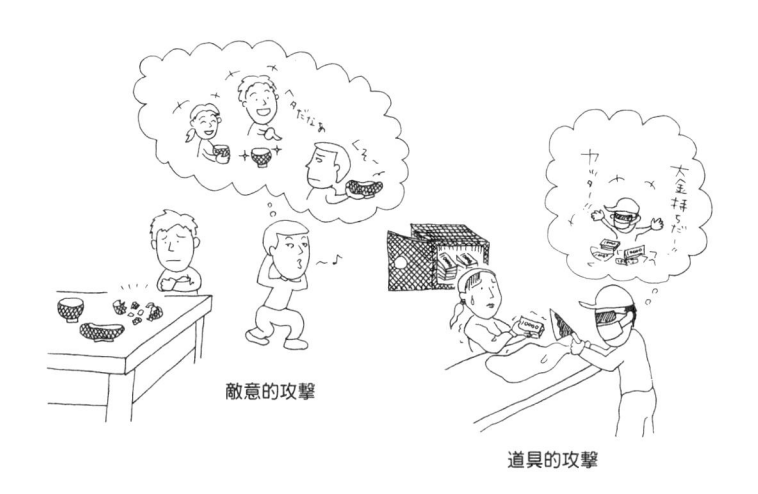

敵意的攻撃

道具的攻撃

■**機能による分類** 次に,攻撃行動のもつ意味,あるいは,攻撃行動をする理由から,攻撃行動を分類することができます。私たちは,攻撃行動には意味や理由,すなわち,社会的機能があるからこそそれを実行するのです。もちろん,まったく何の意味や理由もなく唐突に攻撃することはあるかもしれませんが,それはきわめてまれでしょう。そうした攻撃行動の機能として,大渕(1993)は,テダスキーとネスラー(Tedeschi & Nesler, 1993)に基づき,防衛,強制,制裁,印象操作,の4つをあげています。まず,**防衛**とは,危険に遭遇したり被害が予期されたりする場合,攻撃することで自分や他人の身を守ることです。次に,**強制**とは,攻撃することで(または攻撃することをほのめかすことで)他人に対して判断・態度・行動などを無理やり強いることです。**制裁**とは,攻撃することで他人の

不正を矯正したり，社会的な公正を回復したりすることです。最後の**印象操作**とは，攻撃することで男らしく強いイメージを印象づけたり，押しつけられた負のイメージを払拭しようとしたりすることです。一見，特別な意味や理由もなく攻撃するような場合でも，よくよく分析・検討してみれば，これらのうちのいずれかの機能を含んでいる場合が多いと考えられます。たとえば，街中で目が合ったといって凄むヤンキー青年は，それがその本人にとっては侮辱だ（負のイメージを付された）と感じたから，あるいは，内心では相手におびえ身の危険を感じたから，攻撃に訴えているのかもしれません。また，教室でいきなりキレたように見える少年も，事前の文脈をよく検討してみれば，不当な扱いや評価を受けた（と本人が感じた）ことに対する公正のバランスの回復策として，他の建設的な方法が見当たらずに攻撃に及んだ，というような可能性は十分考えられます。

■**動機による分類**　攻撃行動とは，相手を傷つけようとする意図的行動です。この定義からは厳密にははずれる攻撃的な行動として，モデル（たとえば，暴力映像中の登場人物）によってうながされる行動，すなわち，**模倣的攻撃**（Bandura, 1973）というのもあります。多くの児童が，テレビ画面の中で活躍するウルトラマンや仮面ライダーなどの正義のヒーローを見て，一生懸命に真似をします。ウルトラマンごっこや仮面ライダーごっこです。そうした**ごっこ遊び**は，多くの児童にとって健全な発達段階の中で見られる遊びの形態です。こうした模倣的攻撃は，モデルの行動を単に真似しているだけなので，厳密に言えば，攻撃行動の定義に当てはまりません。なぜなら，行動を真似しているだけの純粋な模倣的攻撃には，他者に危害を加えようとする動機は含まれない（はずだ）からです。

しかしながら，現実的には，いわゆる通常の攻撃と模倣的攻撃とを明確に区別することはむずかしいといえます。バンデューラ（Bandura, 1973）は，攻撃的なモデルを観察することによって，観察者（視聴者）の行動レパートリーに攻撃行動が加えられる（学習される）としました（**社会的学習**）。さらに観察者は，文脈と行為の随伴性を学習するので，たとえば，映像中の暴力行為の正当性が保証されていたり何らかの形で報酬を受けたりすると，攻撃行動の生起頻度が高まることになります。つまり，正当な理由がある場合は攻撃するのがよい，攻撃すると報酬が得られるということを学習した場合，類似状況において他の行動より攻撃行動を採択する確率が高くなるということです。こうした経験の蓄積が背景となって，結果的に，通常の攻撃行動そのもののレパートリーが増え，攻撃行動の道具的使用を促進するという可能性はあるでしょう。

第2章
攻撃の測定

　心理学の扱う対象は物理的な実体ではなく，文字通り心理的な構成概念です。では，手にとって見ることのできない構成概念を，私たちはどうやって測るのでしょうか。こうして考えると，心理学はまさに測定の歴史でもあるのです。そして，攻撃に関しても，これまで数多くの測定方法が考案されています。前章で見てきたように，攻撃は行動的に定義されるので，行動的な水準の情報をいかにすく

表1　攻撃の測定方法

行動的指標（実験・観察の手法）	
日常場面	自然観察
	フィールド実験
実験室場面	ボボ人形パラダイム
	教師―生徒パラダイム
	エッセイ評価パラダイム
	競争的反応時間パラダイム
	言語的な他者評価
	ホットソース
言語的指標（調査・面接的手法）	
	質問紙法（ワンショット調査とパネル調査）
	投影法
	他者による指名法（他者評定）
	文書記録を利用した方法（自然実験）

い上げるかに力が注がれてきました。それらの測定方法は大きく，行動的指標（実験・観察的手法）と言語的指標（調査・面接的手法）の2つに分けることができます（表1）。

行動的指標（実験・観察的手法）

■**自然観察** 教室内での攻撃を検討するという場合，事前に攻撃行動のカテゴリー（たとえば，級友の持ち物を壊す，友人を脅したり恐喝したりする，など）を想定してコーディングシステム（チェックリスト）を作成し，生徒たちの相互作用を記録します。たとえば，まず行動のすべてを記録し（ビデオ録画など），次に任意の分析単位に分割し，その分析単位ごとにカテゴリーに分類します。この場合，独立した2名の分類者の一致度（一致率）を検討して，分類カテゴリーの信頼性を確認します。このように，自然な状況の中での観察という手法は，心理学の最も基本的なアプローチの1つです。

■**フィールド実験** ある先行条件とその結果として起こる攻撃行動の間の関連を検証するために，日常の生活場面を利用する方法です。たとえば，欲求不満時における車の運転者（ドライバー）の攻撃反応を検証するために，交差点で信号が青に変わったのにサクラの車が発車しないでいるとき，後ろのドライバーがクラクションを鳴らすまでの潜在時間とクラクションを鳴らしている持続時間を測定します（Baron, 1976）。また，並んでいる行列にサクラが割り込むことで生じる攻撃的な反応を観察して，行列の先頭からの距離との関連を見るという研究もあります（Harris, 1974）。メディア暴力研究では，合宿形式や全寮制の学校といった場で，視聴する番組を数週

間統制することによって，実験室より自然な視聴状況を作り出し，実験前後の攻撃行動を観察して比較します（Parke, Berkowitz, Leyens, West, & Sebastian, 1977）。

■**実験室実験** 自然な日常生活場面を用いた実験に比べて，実験室実験は，実験条件に実験参加者を無作為に割り当て，結果に影響するような剰余変数を統制し，ターゲットとなる変数を操作することで，純粋な形でその変数の影響を検討することができます。したがって，現在でも実験的手法は，心理学研究の大きな柱の1つとなっています。

歴史的には当初，バンデューラの**ボボ人形パラダイム**がその主流でした（Bandura, Ross, & Ross, 1963a）。ボボ人形パラダイムはおもに，児童を対象とした観察学習（モデリング）の検証のために1960年代にさかんに用いられた方法です。基本的な手続きとしてまず，ボボと呼ばれる大きな人形をはじめ，いろいろな遊び道具の置いてあるプレイルームで児童を遊ばせます。その様子を観察しながら，事前に用意しておいた反応カテゴリー（模倣的攻撃，人形に馬乗り，攻撃的な拳銃遊びなど）に従って行動をカウントします。研究的にはしばしば，こうした行動観察をする前に，別の部屋でテレビモニターを通してモデルの攻撃行動を観察する，といった手続きが加えられています。ここから，後に述べるメディア暴力研究の歴史が始まりました。

一方で，成人や大学生を対象とした攻撃研究のために，バス（Buss, 1961）の**教師－生徒パラダイム**，その亜型であるバーコヴィッツ（Berkowitz, 1962）の**エッセイ評価パラダイム**（教師－生徒パラダイムとエッセイ評価パラダイムはあわせて学習課題と称されること

があります），テイラー（Taylor, 1967）の**競争的反応時間パラダイム**の３つの測定方法が開発されました。これらの測定方法はその後，メディア暴力研究の発展などに伴い，さまざまな改良を経ながら現在，攻撃行動の主要な測定方法として用いられるようになっています。

これらの基本的な測定パラダイムの手続きは次の通りです。まず教師－生徒パラダイムでは，インチキのくじ引きなどで，実験参加者は教師役を，サクラは生徒役を任されます。そして，単語やルールなどの学習におけるサクラの反応（回答）に対して，実験参加者が何らかの罰（電気ショックや不快なブザー音など）を与えることが求められます。その強さと持続時間が実験参加者の攻撃行動の指標となります。バスは，これを測定する専用の装置「アグレッション・マシーン」を製作しました（図１）。

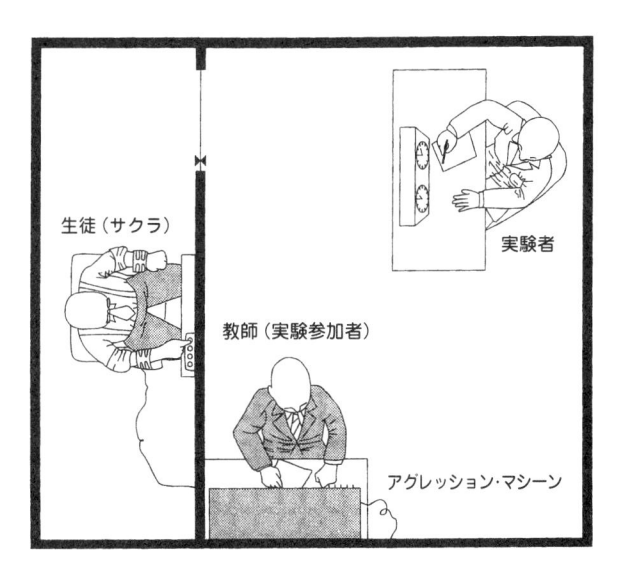

図１　アグレッション・マシーンを使った実験状況

次にエッセイ評価パラダイムでは，まず，インチキのくじ引きで生徒役となった実験参加者が何らかの問題解決案やエッセイを創出し，それを教師役のサクラが評価する機会が設けられます。評価は，電気ショックなどの不快刺激の程度によって表わされます。最も良い内容のときは1回，最も悪いときは10回，というようにしたうえで，たとえば挑発の効果を検討するという場合，回答の内容にかかわらず，挑発条件では7回，統制条件は1回，などとします。その後，役割を交代して，今度は教師役となった被験者が生徒役であるサクラの問題解決案あるいはエッセイを評価する機会が与えられます。もちろん，評価のモノサシは電気ショックなどの不快刺激であり，このときにサクラに与える不快刺激の回数が攻撃行動の指標となります。先に挑発を受ける段階と後で攻撃を与える段階との間に，たとえば，武器を呈示して攻撃手がかりの効果や暴力映像を見せてメディア暴力の効果について検討します。攻撃行動は，何らかの挑発状況でないと喚起しない（突如として怒り出す人はあまりいない）ので，エッセイ評価パラダイムは，挑発操作と攻撃測定を同時にセットで行なえることから非常に便利です。

最後の競争的反応時間パラダイムでは，パソコンを介して実験参加者と対戦相手（サクラ）がボタン押しやマウスクリックの反応時間を何試行かにわたって競争します。毎試行ごとに，競争に勝てば相手に不快刺激（電気ショックやブザー音など）を与えることができます。逆に，負ければ与えられることになります。その際，勝った場合に相手に与える不快刺激の強度あるいは回数を，毎回競争する前に互いに設定し合います。ただし，実際の勝敗は，あらかじめコンピュータにプログラムされていて，事前に決められています。ここで実験参加者がどの程度の不快刺激を設定するかが攻撃行動の指標となります。

第 2 章 攻撃の測定

■**その他の実験的手法**　ボボ人形を叩いたりあるいは不快刺激を与えたりといった身体的攻撃ではなく，言語的な攻撃も，実験的な手法の中で1つの指標として付加的に用いられてきました。たとえば，実験参加者による実験者への評価が，その実験者の就職や昇進に直結するというような状況で，はたして実験参加者はどのような評価をするかが攻撃の指標になるといったものです。また，最近では，辛い食べ物が嫌いな人に対して辛いソースをどの程度かけるかを攻撃行動の指標としようという新しい提案もあります（Lieberman, Solomon, Greenberg, & McGregor, 1999）。

実験的手法の問題点

■**倫理の問題**　攻撃は基本的に人間にとっては有害な（できれば避けたい）行動なので，これを実験室で実験的に操作したり促進したりすることには倫理的な問題があります。また，ターゲットである攻撃的な反応をその場で表出させるための挑発操作なども，実験参加者に不快な気分や怒りの感情を喚起させるために，これもまた問題であります。あるいは，そうした操作が不快を通り越して物理的身体的な苦痛を生じさせるのであればなおさらです。

こうした倫理的な問題に対して，できるかぎり次のような処置が必要となってきます。まず，実験に参加する前に，実験参加者から参加への了解を文書等で得るようにします

倫理の問題

(**インフォームド・コンセント**)。文書中には特に，実験の途中であっても自由に退室したり放棄したりする権利があることを明記し，実験参加者にはそのことを確認します。実験後には，十分な事後説明を行ない(**デブリーフィング**)，実験に対する理解をうながします。さらに，実験の数週間後あるいは数か月後でも，実験を受けたことで不利益が生じた場合に備えて，十分なフォローアップを行なう用意をし，また，そうした用意があることを告げます。ほかにもさまざまな対処が考えられますが，こうした処置を行なったとしても，倫理的な問題がいまだ残るような場合もあると思われます。今後は，そうしたときのために研究方法をさらに工夫していくことが必要となってくるでしょう。

■**妥当性の問題**　そもそも実験室で測定している行動は攻撃なのでしょうか。この疑問，つまり**構成概念妥当性**の問題は常について回ります。いずれの実験パラダイムによって測定された行動も，攻撃以外の別の解釈が可能です。まずそもそも，ボボ人形に与える攻撃的な行動は，モデルを模倣しただけであり，かつ，(生物ではない)人形に対する行動なので，厳密には攻撃行動の定義に入りません。教師－生徒パラダイムでの行動は，生徒の学習を援助したいという向社会的な意図によるものかもしれません。エッセイ評価パラダイムは，先に行なわれた自分への評価に対する反発あるいは単なるお返しかもしれません。競争的反応時間パラダイムでは，実験参加者は対戦相手との競争に夢中に

妥当性の問題

なっているだけかもしれません。

　こうした構成概念妥当性は，複数の指標間の一致具合や外的基準との一致度などによって判断がなされるものですが，構成概念の妥当性が完全に確認されるということは原理的にはありえません。いろいろな側面から妥当性の確認を行なうわけですが，厳密に言えば，妥当性が確認されない状況や条件がないとは言い切れない，つまり，可能性として想定しうる状況や関係をすべて検証することは不可能です。また，そもそも構成概念であるために，一致した（確認された）と判断するその解釈自体が相対的な，合意によるものなのです。構成概念は，それをそのまま完全に（直接に）捉えることはできません。あくまで周辺から外堀を埋めていくような形でしか捉えられません。構成概念妥当性の証拠は，すべて間接的な証拠にしかならないのです。

　したがって，完全な妥当性の確認へと近づくことはできるかもしれないが，100％確認されることは絶対にない，ということです。上記のように，実験室で測定される行動について別な解釈も可能なことから（そうした余地は常について回ることから），テダスキーとクイグレイ（Tedeschi & Quigley, 1996）などは批判的な指摘もしています。一方これに対して，カールソンら（Carlson, Marcus-Newhall, & Miller, 1989）やギアンコラとチャルマック（Giancola & Chermack, 1998）による支持的な擁護論が出されています。たしかに「本当に攻撃行動を測っているのだろうか」という疑問はぬぐいきれませんが，攻撃を研究するうえで，結局は，現時点において最も妥当だと相対的に判断される測定法（それが本当に正しいのか正しくないのかにかかわらず）を用いるしかないわけです。なお，攻撃行動の概念と実験室実験での行動測定との間の問題については，湯川（2001a）で論じています。

また，実験室の外（実社会）との関係ではどうなのでしょうか。つまり**生態学的妥当性**の問題も常について回ります。実験室はできるかぎり剰余変数を排除・統制した人工的な状況なので，外的な現実世界で現れる社会問題としての攻撃とは大きく異なる可能性があります。これに対して，アンダーソンとブッシュマン（Anderson & Bushman, 1997 ; Bushman & Anderson, 1998）は，攻撃に関する53の実験室実験研究とフィールド実験研究についてメタ分析を行ないました。その結果，2つの研究アプローチによる結果は一致していることが示されました。実験室での結果とフィールドでの結果が一致しているということは，実験室実験の生態学的な妥当性はある程度保証されているということです。つまり，実験室実験は，さまざまな剰余変数を統制して目標とする実験変数について因果的な検討ができることから，生態学的妥当性の問題を差し引いても十分な利点があるといえます。

言語的指標（調査・面接的手法）

■**質問紙法**　実験・観察的手法により行動的指標を得ることとは異なり，自身の経験や行動，あるいは内的に意識される認知や感情について言語的な自己報告を求めることが考えられます。そのおもな方法としてまずは，質問紙による（自記式・自答式の）調査があげられます。つまり，あらかじめ用意されたある一定の質問項目群について，一定の回答方法（たとえば「1．まったく当てはまらない」から「5．非常に当てはまる」の5件法など）で答えるやり方です。こうした質問群には，心理尺度（個人の性格特性を扱っていれば特に，パーソナリティ尺度）として標準化されたモノサシがあり，心

理学研究では非常によく用いられます。標準化とは，心的な概念を測定する尺度としての信頼性と妥当性を一定の手続きに沿って確認することであり，通常，心理学研究では標準化されている尺度のみが使用されます。

攻撃傾向を測定する心理尺度としてよく用いられるのは，バスとダーキー（Buss & Durkee, 1957）による**敵意インベントリー**（BDHI）であり，最近ではこの短縮改良版であるバスとペリー（Buss & Perry, 1992）の**攻撃性質問紙**（AQ）が開発されました。現在，日本では，このAQの日本版であるBAQが，安藤ら（1999）によって作成されています（図2）。BAQには身体的攻撃，言語的攻撃，

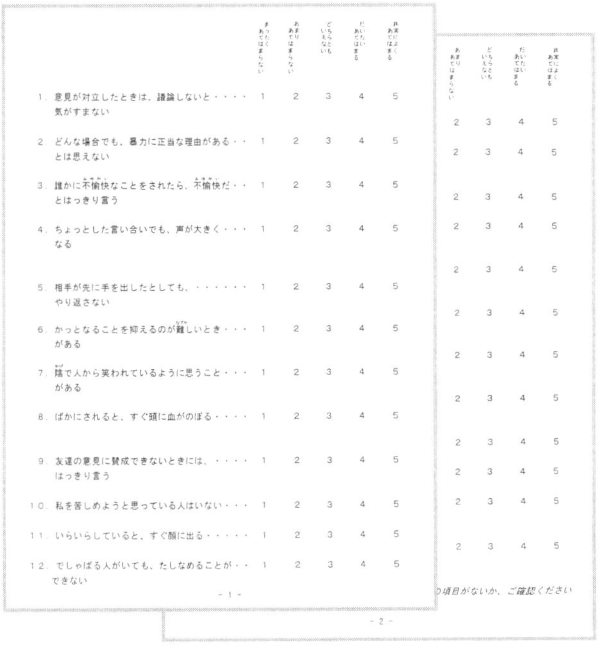

	まったくあてはまらない	あまりあてはまらない	どちらともいえない	だいたいあてはまる	非常によくあてはまる
1. 意見が対立したときは、議論しないと気がすまない	1	2	3	4	5
2. どんな場合でも、暴力に正当な理由があるとは思えない	1	2	3	4	5
3. 誰かに不愉快なことをされたら、不愉快だとはっきり言う	1	2	3	4	5
4. ちょっとした言い合いでも、声が大きくなる	1	2	3	4	5
5. 相手が先に手を出したとしても、やり返さない	1	2	3	4	5
6. かっとなることを抑えるのが難しいときがある	1	2	3	4	5
7. 陰で人から笑われているように思うことがある	1	2	3	4	5
8. ばかにされると、すぐ頭に血がのぼる	1	2	3	4	5
9. 友達の意見に賛成できないときには、はっきり言う	1	2	3	4	5
10. 私を苦しめようと思っている人はいない	1	2	3	4	5
11. いらいらしていると、すぐ顔に出る	1	2	3	4	5
12. でしゃばる人がいても、たしなめることができない	1	2	3	4	5

- 1 -

- 2 -

図2　尺度構成時に実際に用いられたBAQ

短気（怒り），敵意の4つの下位尺度があります。例をあげると，身体的攻撃の項目は「殴られたら，殴り返すと思う」，言語的攻撃は「友だちの意見に賛成できないときには，はっきり言う」，怒りは「かっとなることを抑えるのがむずかしいときがある」，敵意は「友人の中には，私のことを陰であれこれいっている人がいるかもしれない」などです。これらに対して回答者は，自分がどの程度当てはまるかを5件法で評定します。全部で22項目あり，下位尺度ごとに各項目の評定値を合計して各人の得点とします。

怒り傾向を測定する心理尺度としては，スピールバーガー (Spielberger, 1988) の**状態特性怒り表出目録**（STAXI）があります。スピールバーガー (Spielberger, 1988) は，状態－特性怒り尺度（STAS）と怒り表出尺度（AX）を合わせ，STAXIとしてまとめました。STASは状態怒りと特性怒りをそれぞれ測定する2つの尺度からなります。前者は情動状態としての怒りの強さを測定する尺度であり，後者はパーソナリティ特性としての怒りやすさの個人差を測定する尺度です。一方，AXは怒りの表出（アンガーアウト），怒りの抑制（アンガーイン），怒りの制御（アンガーコントロール）の3つの下位尺度から構成されています。怒りの表出は怒りを外部（他人や物）に向ける傾向を測定する尺度であり，怒りの抑制は怒りを内にためる（心の中にいだく）傾向を測定する尺度であり，怒りの制御は怒りが外に出るのを抑えようとする傾向を測定する尺度です。日本語版には，鈴木・春木 (1994) や三根・浜・大久保 (1997) によって標準化された尺度があります。ほかにわが国で標準化されている怒り関連の尺度としては，怒りの喚起しやすさや持続しやすさが身体的健康に悪影響を及ぼすという研究の流れから，渡辺・小玉 (2001) の怒り喚起・持続尺度があります。攻撃と怒り

に関する心理尺度については，大渕・北村・織田・市原（1994）や湯川（2001b）に詳しいのでそちらを参照してください。

■**ワンショット調査とパネル調査** このような質問紙を使って調査をしていくわけですが，検討したい概念（変数）の関係について，一度の調査だけですませるやり方を**ワンショット調査**といいます。これは，一人の調査対象者に1回だけ質問紙に答えてもらい，そこで得られたデータに基づいて，変数間の関係を検討する方法です。この方法の長所は，一度に多くのデータを集めることができることです。しかし，同一時点での一度の調査なので，変数間の因果関係までは検討できません。先ほどの実験的手法だと，時間と労力はかかりますが，その代わりに，因果関係まで含めて考察できるところが良い面といえるでしょう。

こうした因果関係まで議論したい場合は，**パネル調査**を行ないます。パネル調査とは，同一の調査対象者に数か月あるいは数年の間を空けて同一の質問について追跡的に調査を行なうやり方です。この方法は，二度繰り返し調査をするということで，実験のように調査者と回答者ともに時間と労力がかかりますが，調査的方法なので多くのデータを集めやすいという利点があります。そういう意味で，パネル調査は，準実験的な手法といえます。

■**投影法** 投影法とは，あいまいな刺激を被検者に提示し，それに対する回答や反応の仕方から，その被検者のパーソナリティを理解しようとする方法です。たとえば，あいまいな刺激としてインクのシミのようなものを用いる**ロールシャッハテスト**があります（図3）。インクのシミが何に見えるかを答えてもらい，訓練された評定者がその回答をスコアリングします。もう1つ有名なテストに，

P-F スタディ（ローゼンツァイク絵画欲求不満テスト）があります（図4）。このテストは，一コマの漫画的な絵からなるものですが，それは欲求不満を描いた場面であって，登場人物の一人から空白の吹き出しが出ています。被検者は，その絵の中の登場人物になったつもりでその場にいるとして，自分だったらどんなセリフをいうか想像し，空白の吹き出しの中にそれを書き込む，という作業をします。こうした絵が複数枚あり，やり方は同じでそれらに全部答えます。決められたスコアリング方法に従って，その自由記述反応を分類し得点化します。その結果として，アグレッション（P-Fスタディの日本語版ではaggressionを「攻撃」とは訳さず，主張性を含んだ広い概念として「アグレッション」という用語が用いられています）の方向と型を明らかにします。

投影法は，時間と労力がかかるうえに，尺度（モノサシ）としての信頼性と妥当性の検討がむずかしいために，多数のデータを収集する必要のある研究的な場面での使用にはあまり向いていません。

図3　ロールシャッハの図版例　　図4　P-F スタディの図版例

むしろ，投影法は，臨床的な場面での心理査定法あるいは心理診断法としての意味合いが強いといえます。

■**他者による指名法（他者評定）**　対象となる人物を知っている人（たとえば，親，教師，仲間など）から，その人物の情報を収集する方法として，**指名法**（ノミネート法）あるいは**他者評定**があります。対象人物をよく知る人がその人物の攻撃行動を評定するわけです。これは，その対象人物自身が言語的な自己報告をすることがむずかしい場合（乳幼児あるいは精神障害・学習障害の場合など）や，自己報告による評定を補ったりその妥当性を確認したりする場合に，それぞれ有効です。しかし，たとえば，クラス全員の生徒の評定を一人の担任教師にやってもらうとなると，評定者に非常な負担をかけることになります。また，独立した複数の評定者による他者評定が必ずしも一致するとはかぎらないので，そうした評定者間の一致具合を確かめることも重要となってきます。

■**文書記録を利用した方法（自然実験）**　本来は別の目的で収集されている文書記録（殺人率やレイプ発生率など）を用いて，環境と攻撃行動との関連を検討することができます。こうした方法を自然実験といいます。たとえば，地域的な理由などで家庭のテレビ導入の状況が異なることを利用した研究があります。ここでは，テレビが導入されると殺人率が増加することが示されています（Centerwall, 1992）。また，ある特定の番組（たとえばボクシングの試合など）が放映されたあとには，殺人件数が増加するとされています（Phillips, 1986）。アンダーソンら（Anderson, Bushman, & Groom, 1997）は，凶悪犯罪や殺人事件の割合は，平均気温が高い年に高くなることを見出しました。さらに，ポルノ雑誌の発刊数と

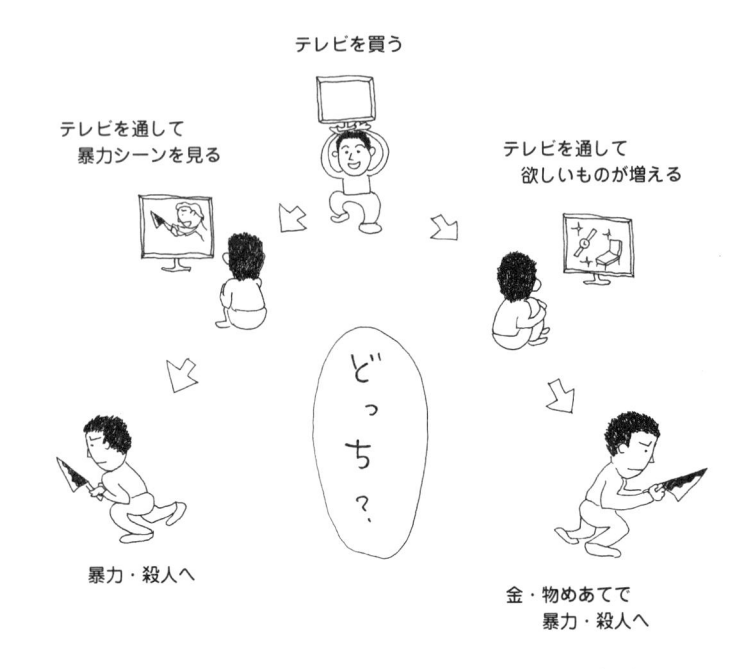

第1部 暴力について考えるための基礎知識

テレビを買う

テレビを通して暴力シーンを見る

テレビを通して欲しいものが増える

どっち?

暴力・殺人へ

金・物めあてで暴力・殺人へ

レイプ発生率に関連があることなども報告されています（Jaffee & Straus, 1987; Scott & Schwalm, 1988）。

　ただ，こうした調査（自然実験）の欠点は，因果関係を特定することが困難なことです。たとえば，センターウォール（Centerwall, 1992）の研究では，テレビの導入が地域住民の物質的金銭的な欲求を高めたために，結果的に恐喝や強盗を増加させたかのもしれません。また，フィリップス（Phillips, 1986）の研究についても，ほかのさまざまな要因を完全に排除して，暴力映像のみに原因を帰することはむずかしいといえます。気温と攻撃の関連を示したアンダーソンらの研究も，ポルノグラフィとレイプ発生率の関連を示した諸研究もまた同様に，何らかの第三変数による疑似相関である可能性を排除しきれません。

第3章
攻撃の理論

　ここまで攻撃の定義や分類，あるいはその測定方法を広く見渡すことで，攻撃の全体像をおおまかに捉えてきました。本章では，人はなぜ攻撃するのかについて，これまで提出されてきたさまざまな説明理論を紹介します。これらの理論はどれかが正しいというわけではなく，それぞれが各々，攻撃の一面を説明しているといえます。

表2　攻撃の説明理論（Krahé, 2001 を参考に加筆して作成）

心理学的な説明理論		提唱者	攻撃の源は「　」である
内的動機説	精神分析的理論	フロイト	本能
	欲求不満―攻撃仮説	ダラードら	動因
道具的機能説	社会的学習理論	バンデューラ	強化歴
	攻撃スクリプト理論	ヒュースマン	スクリプト
	社会的情報処理理論	ダッジ	情報処理の歪み
	社会的相互作用理論	テダスキー	戦略的な意思決定
相互作用説	覚醒転移理論	ジルマン	覚醒の帰属
	認知的新連合理論	バーコヴィッツ	不快感情
	二過程モデル	大渕	認知と情動の相互作用
統合説	攻撃の一般モデル	アンダーソン	
生物学的な説明理論		提唱者	攻撃の源は「　」である
	動物行動学的理論	ローレンツ	内的エネルギー
	社会生物学的理論	デイリーとウィルソン	進化の産物
	内分泌学的理論	アーカー	テストステロン

攻撃の理論は，大きく2つに分けられます（表2）。それは心理学的な理論と生物学的な理論です。なお，心理学的な説明理論の最初としてあげられるフロイトの精神分析的理論は，本能を中心に据えているので，その意味では生物学的なモデルに入るかもしれません。こうした心理か生物かという分け方に関連して，攻撃は環境によるのか素質によるのか（後天的・獲得的・学習的なものか，あるいは，先天的・生得的・遺伝的なものか）という議論は，他の人間行動と同様によくなされます。現在では，他の人間行動と同じく，素質と環境の両方に依存しているという折衷説が1つの結論となっています。

心理学的な説明理論

内的動機説

攻撃は，古代ギリシアより人間の重要な一側面として議論されてきましたが，近年においてこれを科学的に説明しようという機運が現われました。そこではまず，人間の攻撃は本能や動因などの内的な力によって生じると考えられました。

■**本能による説明：精神分析的理論**　近代において，攻撃を科学的に説明しようと試みた最初の人物はフロイト（Freud, 1920/1996）です。フロイトは，その二元的本能論において，個々の行動は人間性の基本的な2つの力である**生の本能**（エロス）と**死の本能**（タナトス）によって生じる，としています。このうちタナトスは，自己破壊へと向かう衝動ですが，これが外界へと転じて向かったものが攻撃である，と説明されます。なお，フロイト自身は「科学的」に

第3章 攻撃の理論

解明しているつもりですが，理論を支持する証拠の多くが事例であり，経験的実証的証拠に乏しいために，批判が多いことは否めません。そもそも，本能を実証的に検討すること自体がむずかしいといえます。これは，操作的定義（概念を測定可能な形で表わした定義）が欠けているために，測定できないからです。また，攻撃には個人差がありますが，メカニズムを本能に依拠してしまうと，その個人差の説明がむずかしくなります。

■**動因による説明：欲求不満－攻撃仮説**　フロイトの提唱した考えを実証的研究に乗せようとして考え出されたのが，ダラードらの欲求不満－攻撃仮説です（Dollard et al., 1939/1959）。彼らは，本能の代わりに**動因**という概念を仮定して，フロイトの理論を説明しようとしました。つまり，攻撃は，欲求不満状態（目標志向的な行動に対する外的な干渉による剥奪状態）を低減・終結させようとする動因（活動力）の結果であると考えられました。あるいは，欲求不満によって高まった攻撃動因を低減させるために攻撃行動を表出する，と説明されます（動因低減説）。攻撃行動が動因を低減するこ

内的動機説

とで，それが自己強化的にはたらき，別の欲求不満場面で攻撃行動が生起する可能性を高めることになります。

ただ，考えてみれば，あらゆる欲求不満が攻撃をもたらすわけではなく，また，あらゆる攻撃の源が欲求不満というわけでもありません。そこで，初期理論を考案した一人であるミラー（Miller, 1941）は，欲求不満はいくつもの異なる種類の反応を起こさせる誘因を生み出すが，そのうちの1つがある種の攻撃へと向かわせる誘因である，と改訂しました（改訂版欲求不満−攻撃仮説）。また，バーコヴィッツは，欲求不満状態のときに存在する**攻撃手がかり**が，攻撃を促進する重要な役割を果たすことを示しました（Berkowitz & LePage, 1967）。この攻撃手がかり説（武器効果）については賛否が分かれますが，カールソンら（Carlson et al., 1990）によるメタ分析の結果，実験場面における促進効果が確認されています。

動因に基づいたこれらの理論は，欲求不満という不快な状態によって攻撃行動が生じると考えています。しかし，私たちの日常生活では，そのような不快な状態になくても攻撃行動をすることはよくあることです。つまり，攻撃の種類でいえば，前者は敵意的攻撃，後者は道具的攻撃に相当します。そこで歴史的には，こうした道具的機能に注目した理論が台頭してくることになります。

道具的機能説

これまで攻撃は，本能や動因などの内的な力によって生じると考えられていました。そうした説明に代わって，攻撃のもつ道具性（機能性）に基づいて，人はある意味で戦略的に行動選択しているという人間観にシフトしていきました。

■**行動の学習による説明：社会的学習理論**　バンデューラ（Bandura,

道具的機能説

1973)は攻撃行動を，他の社会的行動（説得だとか援助だとか）の大半と同じように，学習を通して獲得されたものであるとしました。そして，攻撃行動を表出するかしないかは，その人の過去の**強化歴**によると考えました。つまり，自分の行なった攻撃行動に対して報酬を受けているほど，後の類似状況において攻撃行動を示す確率（生起頻度）が高くなるということです。また，自分ではなく他人（モデル）の行動を観察して獲得することもあります（観察学習，モデリング）。特にそのモデルが報酬を受けるところを観察すれば，後々攻撃行動を示す確率が高くなります。要するに，攻撃行動は得だ，ということを自分の経験や他者の経験（の観察）から読み取ると，攻撃行動を道具として用いやすくなるのです。

■**スクリプトによる説明：攻撃スクリプト理論**　近年，こうした攻撃行動の道具的使用のメカニズムを，社会的学習理論のような行動レベルではなく認知レベルで説明しようとする有力な流れがあります。その1つとしてまず，攻撃スクリプト理論（Huesmann, 1988, 1998）があります。ヒュースマン（Huesmann, 1988, 1998）によれば，攻撃行動は早期の社会化経験（学習経験）を通して獲得され，こうした経験に基づいて，攻撃の実行へと向かわせる**スクリプト**

(ある特定の文脈における出来事の連鎖を示す知識構造）が形成されます。いわば，スクリプトは，攻撃の道具的機能に関する知識といえます。

■**情報処理による説明：社会的情報処理理論**　認知レベルでの説明としてさらに，行動に先立ってなされる社会的情報の認知的な処理の観点から見たものがあります（社会的情報処理理論；Crick & Dodge, 1994; Lochman & Dodge, 1994）。個人によっては，このように，攻撃スクリプトを選択的に駆動しやすい知覚や解釈をする傾向があると考えられます。つまり，他者の行動に敵意的な意図を帰属してしまう**敵意的帰属バイアス**という，解釈の仕方のゆがみ（偏り）が指摘されています。そこでは，道具的機能に関する知識を誤って活用してしまうわけです。

■**影響戦略による説明：社会的相互作用理論**　3つめの認知的な説明として，社会的相互作用理論（Tedeschi & Felson, 1994）では，**強制行為**という攻撃よりも広い概念を用い，その道具的機能に注目します。つまり，行為者（本人）は，社会的影響を他者に与える戦略の1つとして，損失と利益，さまざまな見込み，態度や価値などを考慮して，強制行為を選択するかしないかを意思決定すると考えられます。強制行為の成果としては，近接的には相手から応諾を得たり相手に危害を加えたりすることですが，その先の最終的な成果として，物資・安全・奉仕の獲得や公正・地位の確保があります。強制行為は，こうした目標によって動機づけられています。

　これらの認知による説明理論はいずれも，自分の置かれた状況を知覚・解釈し，（本来的に正しいか正しくないかは別として）攻撃

行動が最も有効（適切）であると主観的に判断された場合に表出されるという考えです。つまり、攻撃行動の道具的使用に関する認知的な背景を重視しています。ただ、このように常に制御的に行動を選択するという説明もまた、現実的ではありません。

相互作用説

人は常に行動の道具性（機能性）に基づいて、その行動を統制的制御的に選択しているとは思えません。つまり、情動に強くうながされて行動化してしまう、ということは十分ありえます。ただ、情動のみにより突き動かされるというよりも、そうした情動的な経験とより高次の認知的な処理とが相互に作用して、結果として攻撃行動が表出されるというモデルのほうが、より現実的だと考えられます。

相互作用説

情動的な経験
＋
高次の認知的な処理
↓
攻撃行動

認知的処理
情動的経験
いざ攻撃行動へ…！！

■**帰属による説明：覚醒転移理論**　ジルマン（Zillmann, 1979）は、シャクター（Schachter, 1964）の情動二要因理論に基づいて、何ら

かの嫌悪事象によって喚起された生理的覚醒をどのように説明するか（ラベルづけするか，原因帰属するか）によって，怒りの感情が喚起されるか（あるいはどのくらい感じられるか）が決まるとしました。また，喚起された生理的覚醒の原因がはっきりしないとき，その原因について状況内の手がかりを利用して理解しようとするとしました。このとき，その覚醒が嫌悪事象に誤って帰属されると（**誤帰属・覚醒転移**），嫌悪事象による不快感情（たとえば，怒り感情）が強められることになります。このようにジルマンは，感情と認知の相互作用に基づく攻撃のモデルを提出しています。

■**不快感情による説明：認知的新連合理論**　相互作用説にくくられる理論として近年，バーコヴィッツ（Berkowitz,1993）の認知的新連合理論が有力視されてきました。認知的新連合理論ではまず，不快な出来事によって生じる未分化な不快感情状態を重視します。この**不快感情**は，闘争か逃走のどちらかの反応を引き起こします。ここで闘争のほうが選択された場合，攻撃に関連した思考・記憶・生理運動反応が生じ，原初的な怒りといったより特定的な情動状態へと至ります。ここでさらに，状況の評価，結果の予期，社会的な規範の考慮などのより精緻な認知的処理が行なわれます。その結果，より分化した感情としての怒り・いらだち・困惑などを感じることになると考えました。

■**認知と情動の二過程による説明：二過程モデル**　もう1つの相互作用説は，大渕（1993）による二過程モデルです。二過程モデルでは，何らかの問題状況（対人葛藤，欲求不満，挑発など）に遭遇した場合に2つの処理過程がはたらくと仮定しています。一方の過程は，道具的な攻撃行動を喚起する**統制的な処理過程**です。他方の過程は，

敵意的な攻撃行動を喚起する**自動的な処理過程**です。問題状況に直面すると，この2つの処理過程が同時に作動し，両者は互いに相互作用し合います。自動的過程で生じる不快情動が強ければ認知判断を妨害しますが，逆に，統制的過程での高次の認知判断が不快情動を強めたり弱めたりします。こうした相互作用の結果，何らかの行動が実行されると考えられています。

> 統合説

　すでに相互作用説の段階で，より広い範囲の攻撃に関連するメカニズムを説明できるようになってきました。ごく最近では，この相互作用説をさらに発展させた総合的な理論モデルが提唱されています。

■**攻撃の一般モデル**　アンダーソンとブッシュマン（Anderson & Bushman, 2002）は，攻撃の一般モデルとして，これまでの攻撃理論を統一したモデルを提出しています。攻撃の一般モデルは，攻撃行動が生起するまでの段階として，**入力－経路－結果**の3つの段階を想定しています（図5）。まず入力は，個人要因と状況要因の2つに大きく分けられます。個人要因にはたとえば特性，性別，信念，態度，価値，長期的目標，スクリプトなどがあげられます。一方，状況的要因とは，攻撃的手がかり，挑発，欲求不満，苦痛や不快，薬物，誘因などです。これらが次の経路に影響を与えます。ここは，大きく認知（敵意的思考やスクリプトなど）・感情（気分や情動，表情運動反応など）・覚醒の3つの要素からなり，それぞれ相互に作用し合っています。これを経由して，最終段階である結果にいたります。ここでは，評価・決定過程として，どのような行動を表出するかを決めるための即時的評価と再評価がなされます。即時的評価はより自動的な処理であり，処理する時間や認知的資源が少なけ

れば，衝動的な行為が出力されます。一方，処理のための十分な時間や認知的資源があり，さらに，即時的評価の結果が重要でありながら満足がいかなければ，再評価を行なうことになります。その結果，熟慮された（綿密な）行為が出力されます。こうして出力された行為は，社会的なやりとりを通して，入力（個人要因あるいは状況要因）の一部となります。このように，従来の理論で指摘されてきた情動や認知のメカニズムから，個人要因や状況要因による影響の説明までも広く含めたこの攻撃の一般モデルが，現在では，攻撃の説明理論として最も有力視されています。

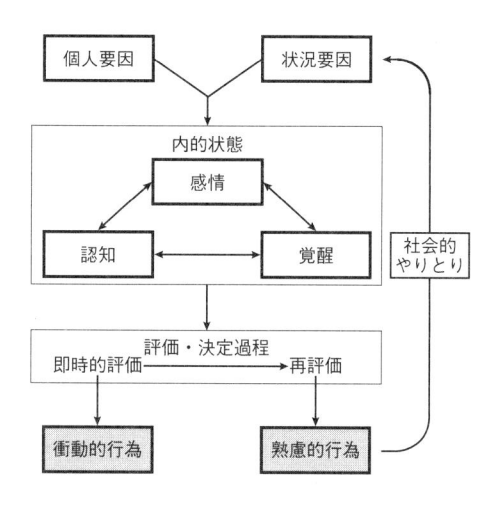

図5　攻撃の一般モデル
(Anderson & Bushman, 2002 に基づいて作成)

生物学的な説明理論

 ここまでは，心理学的な説明理論でしたが，最初に少し述べたように，生物学からの説明理論もいくつか提出されています。攻撃は広く動物全般に備わっている行動形態ですので，人間の攻撃を考えるうえでも，生物学的な知見は非常に重要であり，また，役に立つものと思われます。

■**本能による説明：動物行動学的理論**　動物行動学とは生物学の一分野で，人間を含めたすべての動物の行動を共通の問題設定と方法で研究する学問です。この領域の先駆者であるローレンツ（Lorenz, 1963）は，動物も人間も同じように，攻撃的な内的エネルギーを絶え間なく貯め続けると仮定しました。そして，この蓄積された攻撃的エネルギーが一定量を超えることで自然に溢れ出すか，あるいは，種特有の外的な**触発刺激**によって攻撃的エネルギーが外界に放出されるか，のどちらかによって攻撃行動が生じると考えました。

 この理論の問題は，攻撃的エネルギーの操作的な定義が欠けている（したがって，測定ができないために検証ができない）点にあります。また，理論上は，いったん攻撃的エネルギーが放出されたらそれが充填されるまで攻撃行動を表出しないはずなのに，私たちの普段の経験では，ある攻撃行動がさらなる攻撃行動を促進したりしますので，そのように理論と現実とが矛盾する点にも問題があります。

■**進化による説明：社会生物学的理論および行動遺伝学的理論**　社会生物学は進化生物学の一分野で，ダーウィン（Darwin, 1859）の自然淘汰理論に基づく進化論の考えを用いて，人間を含む動物の社会

行動を解明しようとする学問です。自然淘汰とは，①生物には個体差があり（変異），②その個体差は親から子に伝わり（遺伝），③生物は，生存可能な数よりも多くの子供を産むことで，個体間で生存・繁殖をめぐる競争が生じるために（競争），④より生存・繁殖能力に優れた個体の子孫が集団に広まる（適応），という考えです（平石，2000）。この自然淘汰の基本的単位は，個体ではなく遺伝子です。そして，集団内の遺伝子の頻度が時間とともに変化することを進化といいます（長谷川・長谷川，2000）。わかりやすく便宜的にいえば，より多くの子どもを残す個体の子孫が増えていく過程のことです（平石，2000）。社会生物学では，社会行動も，長い年月をかけたこのような進化の過程を経て，人間や動物に備わってきたものと考えます。つまり，攻撃行動は，各遺伝子または各個体の自然淘汰上の有利さ（**適応度**＝生存率×繁殖率）を高めるために，進化的に備わったものとされます（Daly & Wilson, 1988）。

　進化による説明は，人間に関するグランドセオリーとしてはたしかに有効であり，比較的抽象度の高い概念・現象にとっては非常に説得的です。しかし，具体的な現象になるほど個別の要因がさまざまに働いているので，進化だけから説明するのはむずかしいような気がします。つまり，社会行動のどこまでを（どのレベルまでを）説明するものなのかの線引きを明確にするべきです。進化論は，これまでの心理学の理論に代わる（より優れた）理論なのではなく，それらを背景から支える理論（まさしくグランドセオリー）であることを改めて明示するべきです。逆に言えば，進化論と真っ向から相矛盾するような心理学理論は再考の余地があるかもしれません。

　一方，そもそも，攻撃行動を好む傾向は，個体の遺伝的性質の一部として後世に受け継がれるのでしょうか。行動遺伝学は，こうした人の特性や行動に対する**遺伝**の役割を探究する学問です。行動遺

伝学の方法論には2つあります。1つめは，養子縁組した子どもを対象に，養育上の親との類似性（環境的影響）と生物学上の親との類似性（遺伝的影響）を比較する方法です。2つめは，一卵性双生児（遺伝的性質を100％共有）と二卵性双生児（遺伝的性質を50％共有）を比較する方法です。こうした方法に基づいた研究の結果，遺伝的性質が攻撃の個人差を説明する重要な潜在的要因であると結論づけられています。ただし，行動遺伝学は，ある個人の遺伝的性質（遺伝子型）がその人を攻撃的な人間（表現型）にするかどうかは，環境的な要因によって左右されるとしていますので，けっして決定論的な考えではありません。

■**ホルモンによる説明：内分泌学的理論**　最後に紹介するのは，内分泌学的な説明として，攻撃行動の源泉は**テストステロン**（主要な男性ホルモン）であるとする考えです（Archer, 1988）。ただ，この理論は，動物のオスについては支持されているものの，人間の男性に関する研究では明確に実証されていません（Archer et al., 1998）。したがって，ホルモンの影響については，現時点でははっきりとした断定はできないため，この分野の研究の今後の発展を慎重に待つ必要があるでしょう。

第2部
暴力を取り巻く環境

第4章
攻撃の環境要因

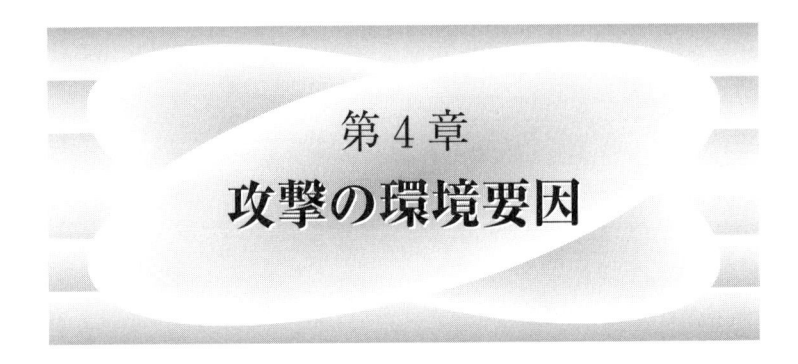

　私たち人間は，一般的にどういうときに攻撃的になるのでしょうか？　言い換えれば，どういう状況に置かれると攻撃行動が促進されるのでしょうか？　こうした環境要因については，これまでにもいくつか検討されてきましたが，それらは大きく受動的環境と能動的環境の2つに分けられます（表3）。

表3　攻撃の環境要因

受動的環境	「　　　」と攻撃的になる
気温	暑すぎる
クラウディング	不快なほど混んでいる
騒音	うるさい
空気汚染	タバコの煙や嫌なにおいがする
攻撃手がかり	武器がある
能動的環境	「　　　」と攻撃的になる
アルコール	飲酒する
メディア暴力	暴力的な映像やゲームに接する

受動的環境

　ここで受動的環境とは，本人の積極的な意志によらず，おそらく

第4章 攻撃の環境要因

不本意かあるいは仕方がなく，そうした状況下に置かれている場合をさします。まずはそうした受動的環境と考えられる諸要因を列挙してみます。

■**気温**　これまでの研究から，不快なまでに高い気温は攻撃行動を促進するという**高温仮説**が支持されています（Anderson & Anderson, 1998; Anderson, Bushman, & Groom, 1997）。高温仮説を検証

平温　　　　　高温　　　　　超高温
（攻撃 低 ↓）　（攻撃 高 ↑）　（攻撃 低 ↓）

煙・においなし　　煙・においあり　　超煙・においあり
（攻撃 低 ↓）　　（攻撃 高 ↑）　　（攻撃 低 ↓）

第2部　暴力を取り巻く環境

する方法論的アプローチには，地理的地域アプローチ，時間周期アプローチ，随伴的高温アプローチの3つがあります。第一に，**地理的地域アプローチ**によれば，涼しい地域よりも暑い地域において暴力犯罪が起きやすいことが示されています。第二に，**時間周期アプローチ**から，（同一地域で）涼しい年よりも暑い年において，また，涼しい夏よりも暑い夏において，暴力犯罪が生じやすいことがわかっています。最後に，**随伴的高温アプローチ**では，実験室において気温を操作し，攻撃行動に及ぼす影響を検討しています。その結果，気温と攻撃の関係は逆U字曲線，すなわち，はじめのうちは気温が高いほど攻撃的になるが，気温が一定水準を超えると攻撃傾向は弱まる，ということが明らかにされています。

■**クラウディング**　単なる密度の高さ（密集）と異なり，クラウディングとは，そうした密集状態を不快で嫌悪的と知覚することを意味しています。つまり，密度は客観的物理的な概念であるのに対し，クラウディングは主観的心理的な概念ということです。ある密度の空間に置かれて不快に感じるかどうかには，人によりますし，また，文脈にもよります（たとえば，コンサート会場と満員電車ではまったく違います）。したがって，密度そのものは攻撃と関係ないけれども，クラウディングはさまざまな場面で攻撃行動を促進することが明らかになっています（Geen, 1990）。

■**騒音**　騒音もまた攻撃行動を促進します。ただし，騒音それ自体が攻撃行動を促進するのではなく，すでに高まっている攻撃傾向を増幅する（さらに強める）はたらきをするといわれています（Krahé, 2001）。また，こうした促進効果は騒音が制御不可能だと認知された場合に生じ，一方，制御可能だと知覚されれば攻撃行動

への影響は減少するとされています（Geen & McCown, 1984）。

■**空気汚染**　タバコや不快なにおいのような空気汚染もまた攻撃行動を促進します。タバコの煙が蔓延している状況では，他者に対する敵意が促進されます（Zillmann et al., 1981）。また，不快なにおいは，中程度までは攻撃を促進し，それ以上強くなると今度は逆に，攻撃を低減することが示されています（Rotten et al., 1979）。

■**攻撃手がかり**　カールソンら（Carlson et al., 1990）の行なった広範なメタ分析から，攻撃手がかり（拳銃やナイフなどの武器）の存在する状況が攻撃行動を促進するという**武器効果**が支持されています。また，武器のみに限らず，攻撃に関連するほかの刺激も同様の効果をもつことがわかっています（たとえば，アクション映画の主演俳優なども手がかりとなります）。

このように，さまざまな環境要因が攻撃行動を促進することが明らかになっていますが，こうした促進的な影響については，次のような説明がなされてきました。まず，高温，クラウディング，騒音，空気汚染といった嫌悪事象は不快感情を喚起するために，攻撃行動を促進するというものです。また，攻撃手がかりは，攻撃に関連する認知を活性化するために，攻撃行動を促進するとされます。これはすなわち，**認知的新連合理論**（Berkowitz, 1993）による説明です。この理論では，不快感情や攻撃手がかりなどによって，攻撃に関連した内的なネットワークが活性化されるほど攻撃的になると考えます。一方，気温やにおいの実験をよく見ると，不快さと攻撃の間に逆U字型の関係が見られています。ここでは，不快感情が攻撃を生じさせるものの，この不快感情が高まるにしたがって，人は

その状況から逃避する動機が強まり，これが攻撃動機を上回れば，逃避することになります。その結果，不快さと攻撃の関係は逆U字曲線となると説明されます。これは，**不快感情逃避理論**（Bell, 1992）と呼ばれています。

能動的環境

次に，能動的環境ですが，これは受動的環境とは逆に，多くの場合，その本人の意志に従って意図的に自ら身を置いた状況下にある場合をさします。こうした能動的環境要因としてこれまで，アルコールとメディア暴力について検討されています。

■**アルコール** 飲酒は攻撃行動を促進します。具体的には，暴力犯罪（Parker & Auerhahn, 1999），ドメスティック・バイオレンス（Wiehe, 1998），集団暴力（Russell, G. W., 1993）の主要な要因としてはたらいています。また，ブッシュマンとクーパー（Bushman & Cooper, 1990）によるメタ分析から，基本的には，アルコール摂取による**薬理学的効果**（生理学的変化）が攻撃行動を促進することが示されました。この薬理学的効果に対し，アルコール摂取に関連する**心理学的効果**（認知的期待）は，攻撃行動に影響を及ぼすことはありませんでした。ただし，このメタ分析からは，薬理学的効果と心理学的効果の両方が同時に起こる場合には，攻撃行動がわずかながら促進されることが指摘されています。現実生活ではこのように，アルコールを摂取する際，薬理学的なものと心理学的なものが混交しているはずですので，両効果は実際，相乗的にはたらいていると考えられます。

■**メディア暴力**　一般に，メディアに描かれる暴力（メディア暴力）は攻撃行動を促進するという結論に至っています。1960年代から1980年代まで，メディア暴力研究は**暴力映像**が中心でした。そして，暴力的なテレビや映画に接するとそれがたとえ短い時間でも攻撃の増加をもたらすこと，児童期に繰り返しメディア暴力に接すると青年期の攻撃性を促進すること，メディア暴力は青年の暴力に対する重大な危険因子であること，が指摘されています（Bushman & Huesmann, 2001）。1990年代以降には，暴力映像に代わり，暴力的テレビゲームの研究が中心となっています。アンダーソンとブッシュマン（Anderson & Bushman, 2001）によるメタ分析の結果，**暴力的テレビゲーム**は児童や青年の攻撃行動を促進することが示されました。このメタ分析ではさらに，暴力的テレビゲームは攻撃に関連した認知・感情・生理反応を促進することも示されています。このメディア暴力については，次章以降において，メディア暴力の影響にかかわる諸要因や説明理論などを中心に，より詳しく説明します。

第2部 暴力を取り巻く環境

第5章
暴力映像と攻撃

　児童や青少年による衝撃的な事件として，次に示すようないくつかの事件が思い浮かびます。1997年5月に兵庫県神戸市で起きた児童連続殺傷事件（酒鬼薔薇事件）では，事件が検証される中，犯人の男子中学生はホラー映画を好み，空想世界にのめり込んでいたことが報道されました。また，1998年2月には東京都江東区で，男子中学生が拳銃を奪うために警察官をバタフライナイフで襲撃しました。この少年について家庭裁判所は，格闘系テレビゲームの影響を認める見解を示しました。さらに，2000年8月には大分県野津町で，15歳の高校1年生男子が一家6人を殺傷する事件（3名死亡）を起こしましたが，この少年についても家庭裁判所は，その審判決定の中で残虐なテレビゲームや映画の影響を指摘しています。そして，記憶に新しいところでは2004年6月に，小学5年生の女子児童が，校内で同級生の女子児童の首をカッターナイフで切り，死亡させました。事件発生当初から，加害者の少女は，暴力的な小説や映像に強い興味をもっていたことが報道されました。このように，1990年代後半から現在に至るまで，10代の少年による凶悪な事件が頻発するようになった背景として，**メディア暴力**（映像やテレビゲームなどのさまざまなメディアに描かれる暴力）の影響

が指摘されるようになっています。

社会的な取り組み

　青少年による攻撃や暴力の問題は，何も日本にかぎったものではありません。それは多くの先進諸国が共通に抱える社会問題であり，各国において議論や規制の対象となっています。そうした状況の下で**暴力映像**の影響が指摘され，1990年代以降，各国はこの暴力映像への具体的な対応（**番組レイティングやVチップの導入**）を検討・実施し始めています。なお，番組レイティングとは，暴力描写，性描写，言語表現などに基づく番組の格付け（ランク付け）であり，Vチップ導入の前提となります。そして，Vチップとは，テレビ受像機に内蔵されるコンピュータチップのことです（Vはviolence のV）。放送事業者側が暴力や性などの描写の程度に応じて番組を事前に格付けし，放送とともに格付けを認識させる信号を送ります。視聴者側が格付けに応じて番組のコード番号を事前にセットしておくと，Vチップが作動して当該番組が自動的に遮断されるような仕組みになっています。

学際的な取り組み

　殺人発生率（10万人あたりの殺人認知件数）がわが国の7～8倍にものぼる合衆国では，すでに1960年代から，メディア暴力が攻撃行動に及ぼす影響に関してさかんに検討されてきました。そうした諸研究についてのメタ分析の結果からは一般的に，メディア暴

力（暴力映像，暴力的テレビゲーム）は接触者の攻撃性・攻撃行動を促進すると結論づけられています（Anderson & Bushman, 2001 ; Hogben, 1998 ; Paik & Comstock, 1994 ; Wood et al., 1991）。

対照的に日本では，第二次大戦後の混乱期を経た後，ごく最近に至るまで凶悪な犯罪や事件は減少傾向にありました。また，私たち日本人はたとえば，高度な様式美をもつ時代劇の殺陣や歌舞伎の舞などを暴力だとする認識が非常に薄いという現実があります。こうした理由から，最近までわが国には，攻撃性やメディア暴力といった問題をあえて取り上げて研究しようという緊迫した社会的文化的背景がありませんでした。つまり，実証研究の数がきわめて少ないため，影響に関する議論だけが先行しているのが現状といえます。

本章では，まず暴力映像の問題について検討した国内外の主要な研究を紹介しようと思います。そして，次章において，その発展的テーマとして暴力的テレビゲームの研究を紹介します。

暴力映像の影響

暴力的なテレビや映画に接すると，それがたとえ短い時間でも攻撃の増加をもたらすこと，児童期に繰り返し暴力映像に接すると青年期の攻撃性を促進すること，暴力映像は青年の暴力に対する重大な危険因子であること，が指摘されています（Bushman & Huesmann, 2001）。ここではもう少し具体的に，これまで実験的に操作・検討されてきた要因を大きく映像，個人内，状況の3種類に分け，それぞれに関する実験研究を詳しく見ていくこととします。

■**映像要因**　これまで，攻撃行動を促進する要因としてさまざまな

映像特性が個別に操作され，実験的に検討されてきました（映像特性に関する詳しいレビューとしては，湯川・吉田, 1997, 1999b が参考になります）。ここからおおむね，暴力行為の**表現特性**（暴力を映像上どのように描くか）として現実性・残酷性・力動性が高くて，暴力行為の**文脈特性**（暴力をどのような文脈に位置づけるか）として行為の正当性が高くて報酬がある場合に，攻撃行動を促進することが明らかにされてきました。

こうした個別の知見を総合すれば，どの暴力映像が攻撃行動を促進するのかについて予測することは一見可能に思われます。しかし，実際のテレビ番組や映画には，一般的に上記の5特性が複数含まれている，つまり，促進と抑制の効果が交錯していることから，予測はそれほど容易ではありません。さらに，ある映像が各特性を有する程度の高低（強弱），また，攻撃行動への効果に関する特性間の相対的な強弱（順序性）や加算・相乗・相殺効果などを考慮すると，正確に予測するのは非常に困難といえます。

■**個人内要因**　暴力映像は，いかなる視聴者の攻撃行動をも一様に促進するのでしょうか。すなわち，暴力映像はどういった視聴者に影響を与えやすいか，どんな人が暴力映像の影響を受けやすいか，といった視聴する側の個人差（**パーソナリティ特性**や**性差**）についても，これまで検討されてきました。

まず，パーソナリティ特性として，もともと攻撃性の高い人のほうが暴力映像視聴後に攻撃行動を促進しやすいことが報告されています（Josephson, 1987；Bushman, 1995）。ブッシュマン（Bushman, 1995）は，男女大学生集団を対象に，まず質問紙を用いて個々人の攻撃性を測定しました。ここから，攻撃性高群および低群を抽出し，3週間後に一人ずつ実験室に呼び，暴力映像かもしくは

非暴力映像を視聴させたあとに攻撃行動を測定しました。その結果，攻撃性の高い者にかぎって，暴力映像によって攻撃行動が促進されました。このように，パーソナリティ特性による影響の差異として，特性的な攻撃性についての検討はなされてきました。しかし，これ以外の特性についての研究は今のところ皆無です。今後は，たとえば，近年注目されている性格の5因子モデルなどの観点から，パーソナリティ特性の影響について広く検討されることが望まれます。

また，性差については，パイクとカムストック（Paik & Comstock, 1994）によるメタ分析の結果，男子のほうが視聴後に攻撃行動を促進するが，その差はわずかであることが示されています。上記のブッシュマン（Bushman, 1995）の研究でも，男子のほうが暴力映像の影響を受けやすく，攻撃行動を促進しやすいことが明らかにされています。

■**状況要因** どういう状況で暴力映像を視聴するかによっても，攻撃行動に及ぼす影響は異なります。すなわち，どのような気分で視聴するか（**視聴前挑発**の有無），単独で視聴するか複数で視聴するか（**他者存在**の有無）といった場合です。

これまでの実験研究の大半は，視聴前に挑発（怒り喚起）操作を含み，攻撃行動を表出しやすい状態にしている点が指摘できます（Berkowitz, 1965；Berkowitz & Alioto, 1973）。逆に，そうした挑発操作を行なわない場合は攻撃行動を促進しないといった結果も報告されています（Donnerstein, Donnerstein, & Barrett, 1976；Geen & Berkowitz, 1967）。さらに，視聴前挑発の有無によって，映像特性が攻撃行動に及ぼす影響も異なります（Geen & Stonner, 1973；Hartmann, 1969）。たとえば，「犠牲者の苦痛描写」は挑発を受けた場合にかぎって攻撃行動を促進することが見出されています

(Hartmann, 1969)。したがって，視聴前挑発は攻撃行動促進につながる重要な要因であり，それによって怒りが喚起された場合にかぎり，暴力映像は攻撃行動を促進すると予想されます。

また，暴力映像視聴時に存在する他者によって，攻撃行動に及ぼす影響の仕方が一様でないことも明らかにされています (Hicks, 1968 ; Dunand, Berkowitz, & Leyens, 1984)。ドゥナンドら (Dunand et al., 1984) は，男子大学生を実験参加者として，暴力映像を一人で視聴する条件，受動的な他者（ただ存在する）とともに視聴する条件，活動的な他者（映像の内容に「やっちまえ！」などと身振り手振りを加えて肯定的な反応する）とともに視聴する条件，の3条件を設けました。その結果，活動的他者条件においてのみ攻撃行動が促進されました。このように，他者の存在は暴力映像視聴によって生じる攻撃行動に影響を及ぼすこと，さらに，映像に対する他者の反応（意見や態度など）によってその影響の仕方は異なると考えられます。

■**その他の研究**　暴力映像に関しては，実験研究以外にも数多くの研究がなされています。たとえば，映像の量的な特徴分析であるガーブナーの内容分析があります (Gerbner, Gross, Morgan, & Signorielli, 1994)。ガーブナーの方法では，はじめに，ゴールデンタイムおよび週末の番組を対象に，暴力を含む番組の割合，番組あたりの暴力行為の頻度などを測定します。これらに基づいて，テレビ番組がどのような内容のメッセージをもっているか，時代とともにメッセージ内容がどのように変化しているかを検討しています。

また，視聴する番組を数週間統制することによって，実験室より自然な視聴状況を作り出し，実験操作前後の攻撃行動を比較するフィールド実験もなされています。この多くが，暴力映像の攻撃行

動促進効果を示しています (Parke, Berkowitz, Leyens, West, & Sebastian, 1977)。フィールド実験はおもに,合宿形式や全寮制の学校といった場が利用されますが,実験室実験ほど厳密な統制は行なわれていません。

　一方,より自然な状況での研究として,地域的な理由などで家庭のテレビ導入の状況が異なることを利用した自然実験があります。ここでは,テレビが導入されると殺人率が増加することが示されています (Centerwall, 1992)。また,ある特定の番組(ボクシングの試合や自殺報道など)が放映されたあとには,殺人件数や自殺件数などが増加するとされています (Phillips, 1986)。ただ,第2章でも述べたように,こうした自然実験では,原因とされるメディア暴力と結果とされる殺人との因果関係を特定することが困難です。それは,結果に影響しうるほかのさまざまな要因を排除することが事実上,きわめてむずかしいからです。

　このほかに,普段の暴力映像視聴量と攻撃性の関係について一度の調査で検討しているワンショット調査ではおもに,両者の間に正の相関が見出されています (Greenberg, 1975 ; Hartnagel, Teevan, & McIntyre, 1975 ; Singer, Slovak, Frierson, & York, 1998)。ただし,相関係数(関係の強さを示す統計的な数値)自体はそれほど高くありません。また,同一の調査対象者に対して数年にわたって追跡的に調査を行なうパネル調査の多くが,暴力映像視聴が攻撃性促進をもたらすことを明らかにしています (Huesmann & Eron, 1986 ; Huesmann & Miller, 1994 ; Lefkowitz, Eron, Walder, & Huesmann, 1977)。ただ一方で,促進効果はないと結論づけている報告もあります (Milavsky, Stipp, Kesseler, & Rubens, 1982)。

第5章 暴力映像と攻撃

日本における映像研究

■**著者らの研究**　欧米での実験研究で主として用いられる映像作品はボクシングや空手の映画であり，実験参加者は主人公に同一化しやすく，攻撃的な認知や情動，さらには攻撃行動を促進しやすい状況にあるといえます。しかし，戦争映画やマフィア映画，それに，わが国特有の時代劇やアニメーションなどにも暴力は含まれています。したがって，従来の研究から，暴力を描写したあらゆる映像が一様に攻撃を促進すると一般化するのは早急な感があります。

　先述したように，従来の映像要因（映像特性）に関する知見を実際のテレビや映画に当てはめた場合，攻撃行動に及ぼす影響を単純に予測することはできません。また，映像特性すべてを考慮して実験的に検討することはきわめて困難といえます。そこで，湯川ら（吉田・湯川, 2000；湯川・吉田, 1998a, 1999a；湯川・遠藤・吉田, 2001）は，暴力の描き方にかかわる特性，すなわち，暴力行為の映

暴力性の低い時代劇映像　　　　　　暴力性の高い戦争映像

像表現特性に注目しました。表現特性は従来，現実性・残酷性・力動性の3特性から検討されてきましたが，湯川らは，これら3特性はその意味内容から「暴力性」という1次元の下位要素として位置づけられると考えました。しかし，暴力性の1次元だけでは，多種多様な暴力映像を十分に捉えきることはできません。たとえば，わが国に特徴的なアニメーションや時代劇に描かれる戦闘や殺陣の場面は，虚構的で様式化された暴力であるために，暴力的な印象をほとんど与えないだろうと思われます。そこで，こうした種類の暴力映像を捉える新たな次元を提唱することが必要となってきます。

以上の観点から吉田・湯川（2000）は，人気の高いテレビ番組や映画の中から選択した28種類の暴力映像に関する印象評価を分析しました。そして，暴力映像は残酷で衝撃的な「暴力性」の高い暴力映像（戦争映画やマフィア映画など）と残酷さがなく虚構的で様式化された「娯楽性」の高い暴力映像（アニメーションや時代劇など）の2種類に分けられる，といった分類モデルを提出しました。これに基づき，湯川・吉田（1998a）は，暴力性の高い暴力映像はネガティヴな認知や感情を，一方，娯楽性の高い暴力映像はポジティヴな認知や感情を強く生じさせることを実験的に明らかにしました。

湯川・吉田（1999a）はさらに，暴力性と娯楽性の観点から，暴力映像が攻撃行動に及ぼす影響について検討しました。しかし，映像の種類（表現形式）にかかわらず，暴力映像を単に視聴しただけでは攻撃行動は促進されませんでした。従来の知見とは異なる結果が得られた理由として，湯川・吉田（1999a）は，これまでの実験研究の大半が視聴前に挑発（怒り喚起）操作を含み，攻撃行動を表出しやすい状態にしている点を指摘しました。すなわち，潜在的な怒りの状態を前提として初めて，暴力映像は攻撃行動を促進すると推測しました。

これを受けて湯川ら（2001）は，暴力性と娯楽性といった表現形式の異なる暴力映像が認知・情動・攻撃行動に及ぼす影響に関して，挑発による怒り喚起の効果を踏まえて実験的に検討しました。その結果，予測通り，視聴前に挑発によって怒りが喚起されている場合にかぎって，暴力性の高い暴力映像が攻撃行動を促進する可能性が示唆されました。

こうして見ることによって，欧米の研究から単純に「暴力映像は攻撃行動を促進する」と結論づけることがいかに早急であるかがわかるかと思います。つまり，攻撃行動を促進するかどうかは，少なくとも暴力映像の種類や視聴時の感情状態によって左右されるのです。さらに湯川らは，暴力映像視聴時の他者存在の効果についても検討しています（湯川・吉田，1998b）。そこでは，他者の存在はポジティヴな認知や感情の喚起をうながしネガティヴな感情の喚起を抑えること，映像に対する他者の肯定的な反応は否定的な反応に比べて攻撃行動に対して促進的に働くことなどが明らかにされています。また，湯川・吉田（1999a）は男子のほうが，中村・湯川・坂野（2001）はパーソナリティ特性としてもともと攻撃性の高い者のほうが，暴力映像によって攻撃行動をより促進しやすいことを実験的に示しています。このように，暴力映像の影響は，映像の種類や視聴時の感情状態のみならず，他者存在，性，パーソナリティによっても複雑に変化するのです。

■**わが国のその他の研究**　欧米の暴力映像研究の歴史は長く，その数もまた膨大です。それに比し，わが国の研究はといえば，上述した湯川らによる一連の実験研究以外には，岩男らによる内容分析（岩男，2000; Iwao et al., 1981）といくつかの実験もしくは調査研究（西村ら，1996；佐々木，1996）が散見されるのみです。数多

くの心理学的問題の中でも暴力映像や攻撃性といった問題は，社会的文化的背景の影響を多分に含むものと思われます。したがって，欧米の知見を単純に適用するのではなく，何よりもまず，わが国独自の実証的データを蓄積することが急務といえます。

第6章
暴力的テレビゲームと攻撃

　従来，メディア暴力研究の対象は暴力映像が中心でしたが，近年，テレビゲーム（テレビゲームは和製英語であり，欧米では一般にビデオゲームと呼ばれる）がめざましい普及を見せる中，**暴力的テレビゲーム**に関する議論が活発になっています。その理由をまとめると，映像に比べてゲームのほうが（1）自ら攻撃することを選択したり，攻撃的にふるまったりして攻撃を積極的に直接体験する，（2）行動のモデリング・リハーサル・強化が同時に行なわれることにより，攻撃を行動レパートリーとして獲得しやすい，（3）そのうえ，最近では映像技術の高度化により，現実に近いリアルな世界が構成されているために，攻撃行動を現実へとますます転移しやすくなっている，（4）登場人物（キャラクター）と同一化しやすいために，攻撃者としての役割になりきりゲームの暴力的な世界に没入しやすい，などの点から接触者（プレイヤー）により強い影響を及ぼすだろうと考えられているためです（Anderson & Dill, 2000 ; Dill & Dill, 1998）。

第2部　暴力を取り巻く環境

暴力的テレビゲームの影響

　1990年代後半以降，メディア暴力研究の中心はほぼ，この暴力的テレビゲームとなりました。アンダーソン（Anderson & Bushman, 2001 ; Anderson, 2004）によるメタ分析の結果，暴力的テレビゲームは児童や青年の攻撃行動を促進することが示されました。このメタ分析ではさらに，暴力的テレビゲームは攻撃に関連した認知・感情・生理反応を促進することも示されています。ただ，従来の研究を詳細に検討すると，方法論的にいくつかの問題点を指摘することができます。

■**ゲームの種類**　これまでの実験に使用されたゲームは，研究ごとに異なります。しかもシューティングゲーム（Cooper & Mackie, 1986 ; Silvern & Williamson, 1987）やアクションゲーム（Irwin & Gross, 1995 ; Schutte et al., 1988）や対戦格闘ゲーム（Anderson & Murphy, 2003 ; Ballard & Lineberger, 1999 ; Bartholow & Ander-son, 2002 ; Kirsh, 1998）など，一見して暴力的・攻撃的な一部のゲームに集中しています。しかし，実際には，グラフィック・内容・操作性・ストーリーなどの特性からしてゲームの種類は多岐にわたるため，一部のゲームを用いて得られた知見を単純に一般化することは危険といえます。たとえば，多種多様な

ゲームの影響力

第6章　暴力的テレビゲームと攻撃

ゲームの中でも主流の1つにRPG（ロールプレイングゲーム）があります。また，RPGとアクションゲーム両方の特徴を備えたアクションRPGと呼ばれるタイプの人気も高いです。したがって，暴力的ゲームの影響については，さまざまなジャンルを視野に入れて検討する必要があります。

■**ゲームへの参加性**　これまでのメディア暴力研究の対象は暴力映像が中心であり，いわばメディアによる受動的な（一方向的な）影響について検討されてきました。そのように単に映像を視聴することとゲームをプレイすることの決定的な違いは，ゲームではプレイヤーが実際にゲームという虚構的（仮想的）世界に参加し，キャラクターに同一化（シンクロ）し，自ら思考・判断しながら主体的（双方向的）にかかわることにあります。つまり，映像を見ることとゲームをプレイすることとではメディアに描かれる世界への関与の度合いが異なり，それが攻撃行動に及ぼす影響に差を生む可能性があります。

このゲームへの参加性については，クーパーとマッキー（Cooper & Mackie, 1986）およびグレイビルら（Graybill et al., 1987）の2研究で検討されています。しかし，両実験結果ともプレイと観察に差は見られませんでした。両研究を詳細に検討すると，いずれもゲームをプレイする実験参加者の横にゲーム画面を観察する実験参加者を同席させるという手続きをとっています。ただ，この実験状況では，当然ながら二人の実験参加者の間には何らかの相互作用が生まれます。クーパーとマッキー（Cooper & Mackie, 1986）は，ゲーム装置に触れさえしなければ，観察条件の実験参加者がプレイ条件の実験参加者に助言や励ましの声をかけることを許しています。グレイビルら（Graybill et al., 1987）は観察者に黙っているよう指示

してはいますが，それでさえも，暗黙のうちに相互作用が生じている可能性はきわめて高いでしょう。少なくとも他者が存在するだけで，生理的覚醒や社会的促進といった影響も受けます。つまり，ここでの二人は，目の前に広がるゲーム世界にいっしょに参加しているといった共有体験をしていると考えられます。このような状況では，ゲームへの参加性の効果のみが純粋に分離された形で検討されているとはいえないため，再検討の余地は十分にあります。

■**その他の研究**　実験以外にもこれまで，普段のゲーム遊びの量と攻撃性の関連を検討した調査研究がいくつか報告されています（Dominick, 1984；Fling et al., 1992；Funk et al., 2004；Gentile et al., 2004；Krahé, & Möller, 2004；Lin & Lepper, 1987；Van Schie & Wiegman, 1997；Wiegman & Van Schie, 1998）。このうち，ドミニク（Dominick, 1984）およびリンとレパー（Lin & Lepper, 1987）では，ゲームセンターでのゲーム遊びと攻撃性の間には正の相関が見出されていますが，家庭でのゲーム遊びとの間には有意な関連は示されていません。フリングら（Fling et al., 1992）も同様に正の相関を見出していますが，ゲームセンターと家庭でのゲーム遊びを区別せず合計した形で分析しています。これに対して，ヴァン・スキーとウィグマン（Van Schie & Wiegman, 1997）は，ゲーム遊び（ゲームセンターと家庭の区別はなし）と攻撃性には有意な関連はなかったと報告しています。なお，ここまでの研究はすべて，暴力的ゲームと非暴力的ゲームを分けた検討は行なっていません。そこでウィグマンとヴァン・スキー（Wiegman & Van Schie, 1998）は，全般的なゲーム遊びに加えて暴力的ゲームへの嗜好性と攻撃性の関連についても検討しました。その結果，ゲーム遊びと攻撃性との間には有意な関連はありませんでしたが，暴力的ゲームへの嗜好性と

第6章 暴力的テレビゲームと攻撃

の間に正の相関が見出されました。ジェンティルら（Gentile et al., 2004）の研究でも，暴力的なビデオゲームに接しているほど，敵意的で，教師としばしば口論になり，殴り合いにかかわる可能性が高く，学校での成績が悪いことが示されています。ほかにも，身体的攻撃を容認する規範の受容や敵意的帰属スタイル（Krahé, & Möller, 2004），低い共感性や向暴力的な態度（Funk et al., 2004）との間に正の相関が見出されています。

日本におけるゲーム研究

■**著者らの研究**　上述したように，ゲームの種類は多岐にわたるため，一部のゲームを用いて得られた従来の知見を単純に一般化することは早急に思われます。したがって，さまざまなジャンルのゲームを視野に入れて検討する必要があります。

そこで湯川・吉田（2001）は，6つのジャンルから選択した12種類のゲームのプレイ形態について調査を行ないました。その結果，暴力的ゲームは，(a)コントロール技術，反射神経，集中力を必要とし，アクションや活発な動きを含んだ「刺激反応型」ゲーム，(b)キャラクターに同一化（シンクロ）や感情移入がしやすく，アドベンチャー性やストーリー性を含み，思考や行動選択が必要な「役割同化型」ゲーム，の2種類に分類されるとしました。また，暴力的ゲームはその形態の違いばかりでなく，たとえば，暴力描写がリアルなきわめて残酷で衝撃的なゲームの場合と，虚構性が強く様式美をもったファンタジックなゲームの場合とでは，受ける印象は大きく異なります。そして，湯川ら（湯川・吉田，1998a, 1999a；湯川ら，2001）の暴力映像研究に従えば，メディア暴力の影響は，映像

から受ける印象によって大きく異なることが予想されます。

こうした観点から，Yukawa & Yoshida（unpublished）は，暴力的ゲームを形態（刺激反応性 vs 役割同化性）と印象（露骨な暴力 vs 空想的な暴力）の面から分類・選択し，参加性の効果（観察 vs プレイ）を含めて，認知・情動（感情，生理）・攻撃行動に及ぼす影響について実験的に検討しました。その結果，暴力的ゲームは統制ゲームに比べて，攻撃に関連した思考や感情を促進することがわかりました（ただし，生理的反応と攻撃行動を促進することはありませんでした）。参加性のレベルで分けてみると，まず攻撃的思考は，プレイ条件でのみ，刺激反応性と露骨な暴力によって活性化されました。次に不快感情は，観察条件とプレイ条件の両方で，露骨な暴力によって喚起されました。そして攻撃行動は，観察条件でのみ，露骨な暴力によって促進されました。つまり，露骨な暴力描写を含む暴力的ゲームをプレイすることによって，攻撃に結びつく認知や感情は促進されるけれども，攻撃行動が促進されることはない，ということが示唆されました。

このような結果が得られた理由にはさまざまなことが考えられます。第一に，暴力的ゲームによって攻撃行動が促進されなかったのは，日本と欧米の文化的な差が背景にある可能性が考えられます。日本では，攻撃に対する抑制的な美意識（道徳）が強くはたらいている可能性があります。対人葛藤における解決方略の日米比較の結果でも，日本人はアメリカ人に比べて葛藤回避的です（Ohbuchi & Takahashi, 1994）。また，こうした抑制的美学は，武士道精神が根底にあるせいだとも考えられます（Nitobe, 1899/2001）。第二に，暴力的なゲームの世界に対する関与度が影響している可能性が考えられます。観察条件では露骨な暴力が攻撃行動に結びついていましたが，プレイ条件では有意な関連は見られませんでした。暴力的な

北大路書房の図書ご案内

教育・臨床心理学中辞典
小林利宣 編
A5判 504頁 3495円 〒340円

教育現場の質的制度的変化や学問的な進歩に対応。約1400項目を，一般的な重要度により小項目と中項目とに分け，小辞典では不十分な内容を充実しながらコンパクトに設計。

発達心理学用語辞典
山本多喜司 監修
B6判上製 430頁 3592円 〒310円

発達心理学の分野に焦点を絞った日本初の用語辞典。社会の変化，高齢化社会の現状にも対応する952項目を収録。「発達検査一覧」ほか付録も充実。活用度の高いハンディな一冊。

改訂新版 社会心理学用語辞典
小川一夫 監修
B6判上製 438頁 3700円 〒310円

定評ある旧版の内容の整備・充実を図り，140項目を増補した改訂新版。人名索引も新たに整備したほか，中項目中心の記述方式を採用。授業・研究など幅広く，永く活用できる。

ちょっと変わった幼児学用語集
森 楙 監修
A5判 206頁 2500円 〒310円

7つのカテゴリー，遊び，こころ，からだ，内容・方法，制度・政策，社会・文化，基礎概念に区分された基本的な用語と，人名項目，コラムを収録した[調べる][読む]用語集。

価格はすべて本体で表示しております。
ご購入時に，別途消費税分が加算されます。

〒603-8303
京都市北区
紫野十二坊町12-8

北大路書房

☎ 075-431-0361
FAX 075-431-9393
振替 01050-4-2083

好評の新刊

心理学マニュアル 要因計画法
後藤宗理・大野木裕明・中澤 潤 編著
A5判 176頁 1500円 〒310円

心理学の研究法としては一番オーソドックスな，実験の計画から統計処理までを扱う。単純か難解かに偏っていた従来の類書を克服した，実践的な内容となっている。

心理学マニュアル 面接法
保坂 亨・中澤 潤・大野木裕明 編著
A5判 198頁 1500円 〒310円

カウンセリングに偏りがちだった面接法を「相談的面接」と「調査的面接」の2つに分け概観を紹介するとともに，具体的な手順を解説し，より応用範囲の広いものとしている。

トワイライト・サイコロジー
心のファイルX 恋と不思議を解く
中丸 茂 著
四六判 274頁 1800円 〒310円

恋愛における非合理な心の動かし方や行動，また，超常現象，迷信等の非日常的な現象を信じること…そのような心理を解明をするとともに科学的なものの考え方を身につける。

マンガ『心の授業』
自分ってなんだろう
三森 創 著
A5判 136頁 1300円 〒310円

心はフィーリングでつかむものではなく，一つひとつ知識としてつかむものである。95％マンガで書かれた，誰にでも読める心理学の本。「心の教育」の教材として最適。

記憶研究の最前線
太田信夫・多鹿秀継 編著
A5判 上製326頁 4000円 〒340円

心理学における現在の記憶研究の最前線を，話題性のあるものに絞りわかりやすく紹介するとともにそのテーマの研究の今後の動向を簡潔にまとめ，研究への指針を提示。

ウソ発見
犯人と記憶のかけらを探して
平 伸二・中山 誠・桐生正幸・足立浩平 編著
A5判 286頁 2200円 〒310円

ウソとは何か？ 犯罪捜査での知見を中心に，そのメカニズムをわかりやすく科学的に解明する。「ポリグラフ鑑定」だけでなく，ウソに関するさまざまな疑問にも答える。

犯罪者プロファイリング
犯罪行動が明かす犯人像の断片
J.L.ジャクソン・D.A.ベカリアン 著
田村雅幸 監訳
A5判 248頁 2200円 〒310円

マスコミ報道などによって広められた隔たったプロファイリングのイメージを払拭し，化学的手法によって行われている実際のプロファイリングの内容の「真実」を伝える。

インターネットの光と影
被害者・加害者にならないための情報倫理入門
情報教育学研究会・
情報倫理教育研究グループ 編
A5判 198頁 1600円 〒310円

インターネットの利便性（光の部分）とプライバシーや知的所有権侵害・電子悪徳商法・有害情報・ネット犯罪等の影の部分を知り，ネット社会のトラブルから身を守るための本。

ゲームを実際にプレイするということは，仮想的にではあるが暴力を当事者として実体験することになります。この際，露骨な（残酷でリアルな）暴力に接すると，暴力に対する嫌悪感が生じ，それが現実に暴力を振るうことに対する抵抗感となり，最終的に攻撃行動を抑制する方向にはたらくのかもしれません。あるいは，日常生活における欲求不満や怒りをゲームの世界で表出することが，ある種のカタルシス効果をもたらすのかもしれません。第三に，ゲームのプレイ時間がかかわっている可能性があります。本研究は典型的な実験室実験でしたが，暴力的ゲームは実験室場面のような短時間で終了するものではありません。本来ならば，数時間・数週間あるいは数か月にわたってプレイするものです。したがって，暴力的ゲームの本質を知るためには，今後，長期的な（反復的な接触による）影響について検討していく必要があるでしょう。

背景にある文化的な差

■**わが国のその他の研究** 欧米ではますます，暴力的ゲームの研究がさかんになりつつあります。国際学会では暴力的ゲームに関するシンポジウムが，海外の研究雑誌では暴力的ゲームに関する特集号が組まれています。これに対してわが国はどうかといえば，最近では，お茶の水女子大学の坂元章教授を中心とするグループが，ゲー

ムの影響に関する実験や調査を積極的に進めています（坂元グループの研究をわかりやすくまとめたものとして，坂元，2004が参考になります）。坂元グループは，さまざまな研究手法を用いて多角的に現象を捉えて，数多くのデータを蓄積し，また，そうしたデータをもとに社会への積極的な提言も行なっています。このように，暴力映像と同様，欧米の知見はあくまで参考資料として，今後もわが国独自の実証的データを蓄積することが先決と考えられます。

第7章 メディア暴力の影響

ここでは，攻撃行動全般に関する説明理論ではなく（もちろん重複する理論はありますが），メディア暴力に特化した，あるいは，メディア暴力を説明するのに向いている説明理論を紹介します。

説明理論

■**モデリング理論** メディア暴力の影響を説明する理論として最初にあげられるのがバンデューラ（Bandura, 1973）のモデリング理論です。バンデューラは，視聴者は暴力映像中に描かれる暴力的行為を観察学習（模倣，モデリング）するために視聴後攻撃的になると考えました。視聴者は映像中の攻撃者が行なう行為とその結果の関係性（随伴性）を観察学習します。この際，映像中の行為が何らかの形で報酬を受けたり正当性を保証されたりすると，それを観察した視聴者の攻撃行動の生起頻度が高まるとされます。言い換えれば，正当な理由がある場合は攻撃するのがよい，攻撃すると報酬が得られるということを学習した場合，類似状況において他の行動より攻撃行動を採択する確率が高くなるということです。

■**覚醒転移理論** 覚醒転移理論から説明すれば，暴力映像を視聴することによって高まった生理的覚醒が，暴力映像とは関係のない別の状況に動機づけられた感情や行動を強めるために，仮にそのとき怒りや攻撃が動機づけられていれば，暴力映像は促進的な効果をもつとします（Zillmann, 1991）。暴力映像の影響には生理的覚醒が媒介し，その生理的覚醒が攻撃行動を促進すると説明されます。ただし，生理的覚醒は視聴後数分以内に消失する可能性が高いので，覚醒転移効果が感情や行動に影響を与えるのは比較的短時間であるとされています（Zillmann, 1991）。

■**認知的新連合理論** バーコヴィッツ（Berkowitz, 1984 ; Jo & Berkowitz, 1994）は，メディア暴力によって生じた攻撃的な認知や感情とそれに伴う生理的覚醒が攻撃行動を促進するとするモデルを提出しました。これは，プライミングの考えに基づく認知的新連合理論（Berkowitz, 1989, 1993）を応用したものです。1990年代，メディア暴力の影響に関しては，このバーコヴィッツモデルが最も有力視されていました。

このバーコヴィッツモデルに対し，湯川・吉田（1999b）は一連の実験研究（湯川・吉田，1998b, 1999a，湯川ら，2001）から，実際に自分が被害を被って生じる（自分自身の苦痛・不快経験による）当事者の直接感情と，暴力映像のような映像中の登場人物のふるまいを観察して生じる（想像力によって媒介された）傍観者の共感的感情とは区別する必要があるとしました。そして，暴力映像による攻撃行動促進という現象は，当事者感情（視聴前挑発による怒り）と傍観者感情（暴力性の高い暴力映像によるネガティヴ感情）という2つの要素が重なり合った状態で初めて起こるという拡張モデルを提出しています（図6；この拡張モデルについて詳しくは，湯

第7章 メディア暴力の影響

川・吉田，1999b，湯川ら，2001 が参考になります)。

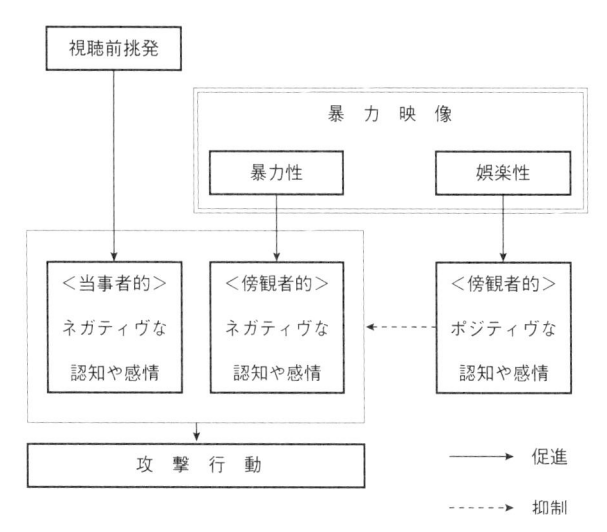

図6 暴力映像の影響に関する湯川・吉田の拡張モデル
(湯川，2002b に基づいて作成)

■**攻撃の一般モデル** 第3章でも述べたように，1990年代の終わりから現在にかけて，攻撃を説明する統一モデルとして提出されているのが，攻撃の一般モデル (Anderson & Bushman, 2001, 2002) です。この攻撃の一般モデルによれば，短期的には，メディア暴力が攻撃に関連した認知・感情・生理反応を喚起し，攻撃へと至るとされます (短期的影響について詳しくは，第3章を参照してください)。一方，長期的には，メディア暴力に繰り返し接することが攻撃に関連した知識構造 (信念，態度，スキーマ，スクリプト，脱抑制など) を形作り，攻撃的なパーソナリティ形成を促進するとされています (図7)。

第2部 暴力を取り巻く環境

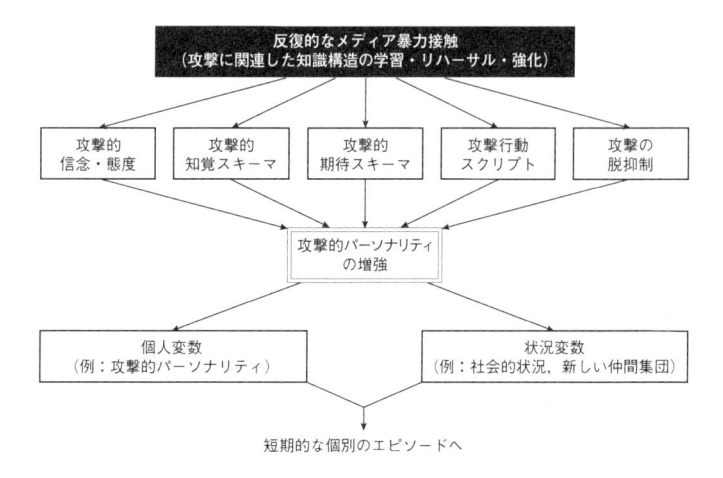

```
┌─────────────────────────────┐
│   反復的なメディア暴力接触    │
│(攻撃に関連した知識構造の      │
│  学習・リハーサル・強化)     │
└─────────────────────────────┘
   │    │    │    │    │
 攻撃的 攻撃的 攻撃的 攻撃行動 攻撃の
 信念・ 知覚  期待  スクリ  脱抑制
 態度  スキーマ スキーマ プト
          │
   攻撃的パーソナリティ
      の増強
          │
  ┌───────┴───────┐
個人変数         状況変数
(例:攻撃的      (例:社会的状況、
パーソナリティ)  新しい仲間集団)
          │
   短期的な個別のエピソードへ
```

図7　メディア暴力の長期的影響についての攻撃の一般モデルによる説明
（Anderson & Bushman, 2002 に基づいて作成）

■**その他の理論**　上述した諸理論はいずれも，攻撃行動そのものの形成・維持・促進を説明したものでしたが，それ以外の影響について論じた理論モデルについていくつか簡単に紹介します。まず，メディア暴力に反復的に接触することによって，暴力に対する通常の情動的な反応性が低下したり寛容性が高まったりするという影響に関する**脱感作理論**があげられます（Wilson, 1995）。また，メディア暴力との接触によって，現実世界における暴力の発生頻度を過度に知覚し，自分が暴力の犠牲者となることに恐怖するようになるという影響を指摘する**カルティベーション理論**があります（Gerbner et al., 1994）。なお，脱感作による暴力や攻撃への無感覚な態度が攻撃行動の抑制を弱めることはありえますし，カルティベーションによる過度の防衛的な態度が他者への不信や疑念に結びつき，結果として攻撃的な反応をうながすこともあると考えられます。

第7章 メディア暴力の影響

あ、また
殴り合いのシーンだな

情動的反応の低下や
寛容性の高まり

攻撃行動の種類とメディア暴力の複合的影響

　認知的新連合理論や攻撃の一般モデルのように、近年では、メディア暴力の影響についてその**感情効果**が議論の中心となっています。すなわち、メディア暴力が感情を媒介して**敵意的攻撃**を高めるとする議論です。また、代表的研究者であるバーコヴィッツ、ブッシュマン、アンダーソンを先頭に、これまでの実験研究の大半は大学生を実験参加者として、この敵意的攻撃について検討してきたといってよいでしょう。

　一方、先に紹介したバンデューラのモデリング理論が依拠する実験研究では、主として児童を対象に、暴力映像（実験のために独自に作成された映像で、登場人物がボボ人形を殴ったり蹴ったりする）を視聴したあとの行動（プレイルームにあるボボ人形を殴ったり蹴ったりするかどうか）を観察するという手続きをとることが大半です。

そこで測定される攻撃行動は**模倣的攻撃**と呼ばれます。すなわち，モデリング理論は，行動レパートリーとしての攻撃行動と行為－結果の随伴性に関する**学習効果**を説明する理論といえます。たとえば，暴力映像特性として報酬性を検討したバンデューラら（Bandura et al., 1963b）で扱われているのは，この模倣的攻撃です。なお，暴力映像の感情効果と学習効果に関するより詳細な議論については，湯川・吉田（2003）が参考になります。

ここで，攻撃行動の本来の定義に立ち返ると，攻撃行動とは「そのように扱われることを避けたいと動機づけられた他の生活体を害したり傷つけたりするという目標へと向けられた，あらゆる形態の行動」（Baron & Richardson, 1994）となります。この定義に照らせば，敵意的攻撃は攻撃行動の範疇に入るが，一方の模倣的攻撃は（単なる模倣行動という意味では）厳密には攻撃行動ではありません。ただ，暴力映像によって促進される（攻撃的な）行動を敵意的攻撃と模倣的攻撃とに明確に区別することはむずかしく，実際には，両者が混在した形で表出すると考えられます。

なお，もちろんのことながら，メディア暴力の影響はこれら感情効果（認知的新連合理論，攻撃の一般モデル）と学習効果（モデリング理論）ばかりではありません。おそらくそこには，覚醒転移・脱感作・カルティベーションによる促進効果もまた同時かつ複雑に絡んでいるだろうと思われます（図8）。つまり，実際のところメディア暴力は，こうした複数のルートを介し，攻撃行動に対して複合的に影響を及ぼしているものと考えられます。さらには，今後研究が進むにつれて，これまでとはまったく別の影響ルートが見出される可能性もおおいにありえます。またそもそも，映像の種類・個人差・視聴状況などによって攻撃行動に及ぼす影響は複雑に変化するため，一概に促進説のもとで議論すること自体も当然避けなけれ

第7章 メディア暴力の影響

ばなりません。暴力映像の影響は私たちが想像する以上に複雑なのです。

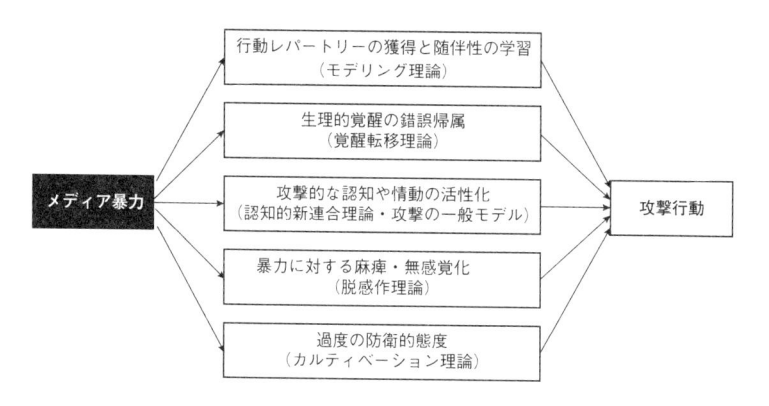

```
                ┌─────────────────────────────┐
                │ 行動レパートリーの獲得と随伴性の学習 │
                │      （モデリング理論）         │
                ├─────────────────────────────┤
                │    生理的覚醒の錯誤帰属        │
                │      （覚醒転移理論）          │
┌─────────┐    ├─────────────────────────────┤   ┌────────┐
│ メディア暴力 │───│   攻撃的な認知や情動の活性化    │───│ 攻撃行動 │
└─────────┘    │（認知的新連合理論・攻撃の一般モデル）│   └────────┘
                ├─────────────────────────────┤
                │    暴力に対する麻痺・無感覚化     │
                │       （脱感作理論）           │
                ├─────────────────────────────┤
                │       過度の防衛的態度         │
                │    （カルティベーション理論）     │
                └─────────────────────────────┘
```

図8　メディア暴力の複合的影響
（湯川, 2002c に基づいて作成）

**目に見えない
　複雑なメディア暴力の影響**

第8章
ポルノグラフィと性暴力

　いつの時代にも，性描写が青少年に及ぼす影響についての大人の心配は絶えません。この問題は日本に限らず世界各国でも議論されていますし，ポルノグラフィ研究として数多くの実験や調査がなされてきています。なお，ここでポルノグラフィは，「**性的な覚醒を高めるために使われる，もしくは，高めるよう意図されたメディア素材**」と定義されます（Allen et al., 1995a, p.259）。そこには，裸体，合意のうえでの性的相互作用，強制的暴力的な性的相互作用が含まれます。

ポルノグラフィの影響についての研究方法

　ポルノグラフィと攻撃の関連を検討する方法には，実験研究と相関研究の2種類があります。**実験研究**は，単純に，実験室で何らかの素材（ポルノ素材，暴力的素材，暴力的ポルノ素材，中性素材などのいずれか）を視聴させ，そのあとにさまざまな反応（態度や攻撃行動など）を測定するというものです。ここでは，素材の影響を系統的に比較していくことが目的となります。一方，**相関研究**です

が，これには細かく言うと2種類あります。まず1つは，社会的な水準での相関研究であり，ポルノ素材の流通率と暴力犯罪や性犯罪の発生率との関連を見るというものです。もう1つは，個人的な水準での相関研究であり，調査対象者の自己報告によってポルノ素材の消費量と攻撃性や態度について測定し，それらの関連を調べるということをします。

攻撃への影響

　ドナースタイン（Donnerstein, 1984）は一連の実験研究で，ポルノ映像よりも暴力映像のほうが有意に攻撃をもたらすことを示しました。そして，最も攻撃が促進されたのは，性的な内容と暴力的な内容を併せもつ暴力的ポルノ映像でした。なお，こうした関係性は，性的な攻撃をする場合にも見られました。ただ，アレンら（Allen et al., 1995a）によるメタ分析の結果では，ポルノ素材（非暴力的な性的相互作用）と暴力的ポルノ素材（暴力的な性的相互作用）はいずれも攻撃と正の関係を示しました。なお，両者について数値的には，暴力的ポルノ素材のほうが強い効果を示していましたが，単なるポルノ素材よりも有意に強いわけではありませんでした。したがって，可能性としては，ポルノ映像よりも暴力映像のほうが，さらには，暴力映像よりも暴力的ポルノのほうが，攻撃を促進する可能性が高いと予想されます。しかし，こうした影響力の強弱については，たとえば，ストーリーや演出の異なる映像の種類や，影響を受けやすい性格などの個人特性によって，さまざまに変化すると考えられます。このため，結論に至るには，今後の詳細な検討が待たれます。

第2部　暴力を取り巻く環境

性暴力への影響

■**性暴力・性犯罪**　職場や学校でのセクシャル・ハラスメント，通勤電車内での痴漢行為，連続婦女暴行事件や集団によるレイプ事件など，身近な出来事からマスコミに取り上げられる事件まで例をあげれば枚挙に暇がありません。こうした**性暴力**あるいは**性犯罪**は，あとを絶たないのが現状です。性暴力・性犯罪を抑止するうえで，社会的には，学校・職場における教育や法律による規制など，さまざまな対策を充実させることはいうまでもありません。一方で，そうした教育や規制を行なう背景として，性暴力・性犯罪を構成し促進する要因や条件を実証的に把握することが必要となってきます。

■**レイプ神話**　従来，レイプなどの性暴力・性犯罪を促進する要因として**レイプ神話**の存在が指摘されています（Burt, 1980；大渕, 1991；Ward, 1995；White & Kowalski, 1998）。レイプ神話とは，レイプを合理化する誤った信念・態度のことをさします。これまでの研究を概観したリンツ（Linz, 1989）によれば，非暴力的ポルノに比べて暴力的ポルノが，レイプを支持するような反社会的な態度を強める，という一貫した結果が得られています。また，アレンら（Allen et al., 1995b）によるメタ分析の結果，実験研究では，暴力的ポルノのほうが非暴力的ポルノよりも，レイプを支持する態度と強く関連していることがわかりました（なお，相関研究では有意な効果は見出されませんでした）。したがって，暴力的ポルノはレイプ神話を媒介して性暴力へと結びついている可能性が考えられます（大渕, 1991；Ohbuchi, Ikeda, & Takeuchi, 1994；Pollard, 1995；Zillmann, 1998）。

第8章 ポルノグラフィと性暴力

間違った神話が
性犯罪行為の可能性に影響を及ぼす

　ポラード（Pollard, 1995）はまた，性暴力への志向性や支持的態度は，暴力的ポルノそのものとの直接的な接触のみによって形成されるのではなく，非暴力的ポルノもその形成に間接的に寄与しているのではないかと述べています。つまり，ポルノは女性を性の対象として描き，その大半が男性による支配・強制・搾取を主題としていることから，女性の品位を落とし，性差別的な態度を助長する可能性があることを指摘しています。ジルマン（Zillmann, 1998）も，性的無感覚モデルとして，ポルノの中での女性の品位を下げる描写が，女性に対する性的な無感覚を促進し，それが女性への攻撃を促進するのだろうと考えています。

■**著者らの研究**　湯川・泊（1999）は，大渕・石毛・山入端・井上（1985）のレイプ神話研究をもとに，レイプにかぎらず，セクハラや痴漢などの行為も含めた広い意味での性犯罪に関する神話（誤った信念・態度）を取り上げ，神話の形成因と神話が性犯罪行為の可能性に及ぼす影響について検討しました。まず，大渕ら（1985）の

レイプ神話尺度の改良版として新たに**性犯罪神話尺度**を作成しました。これといっしょに，パーソナリティ特性，一般的性欲，ポルノ接触，友人・先輩との性的情報交換，性犯罪行為可能性などに関する質問を用意しました。調査の対象は，一般の男子大学生165名でした。分析の結果（図9），性経験があることや一般的性欲が高いことがポルノとの接触をうながし，それが身近で類似した他者である友人・先輩との性的な情報交換を介して，性犯罪を合理化する誤った信念・態度である性犯罪神話（暴力的性の容認，女性の性的欲求に関する誤認）の形成へとつながり，その結果として女性に対する犯罪的な性暴力の可能性（許容性）へと結びつくことが示されました。また，パーソナリティ特性として特に，非協調性（攻撃性，自己中心的な思考，対人的な不信感など）が高い人ほど，女性の性行動や女性観をゆがめて捉えていることがわかりました。

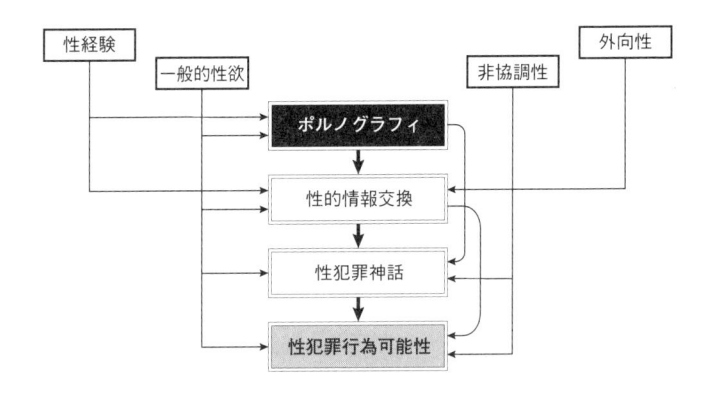

図9　ポルノグラフィ接触から性犯罪行為可能性へと至るおもな流れ
（湯川・泊，1999に基づいて作成）

第 8 章 ポルノグラフィと性暴力

■**脱感作効果その他**　暴力的ポルノと接触すると，その後呈示されるレイプのシナリオの中で被害者が受ける被害をあまり厳しいものではないと判断したり，性暴力についての寛容な態度を表明したりします（Linz et al., 1989 ; Mullin & Linz, 1995）。つまり，暴力的ポルノとの反復的な接触が性暴力に対する馴化をもたらし，被害者の苦痛に対する感受性を弱める可能性があります。こうなると，性暴力に対する嫌悪感や抵抗感がなくなり，結果として性暴力が抑制されにくくなるものと考えられます（脱感作理論）。

　このほかにも，メディア暴力の影響と同じように，素材の中に描かれる性暴力を，モデリングによって行動レパートリーとして獲得したり行為と結果の随伴性を学習したり（モデリング理論），あるいは，攻撃的な性的思考・感情が喚起されることで攻撃的な性行動が促進されたりすることも当然ありうると考えられます（認知的新

誤った
　信念の形成の可能性

連合理論)。

　このように，ポルノグラフィと性暴力に関する研究はこれまでにも数多くなされていますが，その大半が欧米の研究です。これに対し，わが国における実証的研究はそれほど多くはありません。昨今の性暴力・性犯罪の現状を考えれば，この分野もメディア暴力研究と同様に，わが国独自のデータの蓄積が急務といえるでしょう。

第 3 部
暴力に関わる個人差

第3部　暴力に関わる個人差

第9章
攻撃の個人内要因

　前章までに見てきたように，ある環境や状況によって，人は攻撃的になることがわかっています。しかし，あらゆる人が同じような場面で同じように攻撃的になるわけではありません。もう少し広い意味でいえば，攻撃には個人差があります。そして，この個人差をさらに詳しく見ていくと，発達による差，パーソナリティによる差，性別による差があります。

発達による差

■**攻撃行動の発達の全体的な流れ**　攻撃行動の発達を概観してみると（Coie & Dodge, 1998 ; Loeber & Hay, 1997），まず生後半年から1年の間ですでに，欲求不満に対して怒り感情を表出するようになります。続いて2～3歳にはかんしゃくを起こしたり身体的な攻撃を行なったりします。就学期には早くも性差が見られ，男子は身体的攻撃を，女子は言語的攻撃や関係性攻撃（仲間はずれや陰口など）を示しやすくなります。その後，児童期を経て全体的に攻撃行動は減少します。また，児童期から青年期にかけては，攻撃が社会

第9章 攻撃の個人内要因

的に組織されたものになる傾向があります（非行グループ）。そして、青年期から成人期初期には、女子はほとんど非攻撃的な葛藤解決方略を選択する一方で、男子はいまだ攻撃的な解決方略を選択する傾向が持続します。

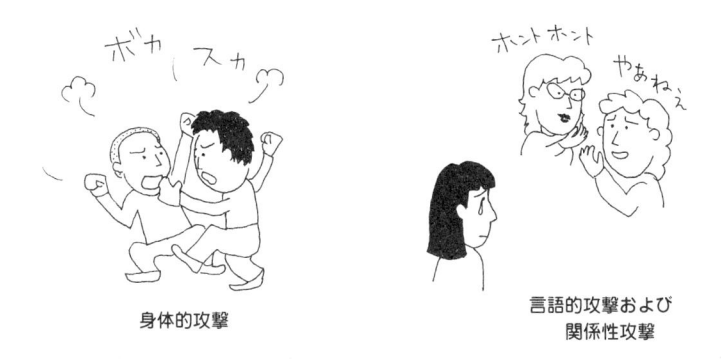

身体的攻撃

言語的攻撃および
関係性攻撃

■**攻撃行動の安定性と変化**　縦断研究（追跡調査）から、攻撃行動は時間を経ても比較的安定していることがわかっています（Laub & Lauritsen, 1995 ; Zumkley, 1994）。なお、男子のほうが女子に比べて、その安定性が高いとされています（Cairns & Cairns, 1994）。ただ、全般的に見れば、年齢とともに攻撃行動は漸次的に減少していきます（Loeber & Stouthamer-Loeber, 1998）。つまり、急激な変化はないものの徐々に低減する、というのが攻撃の発達パターンのようです。もちろん、ここには個人差があり、急に攻撃的でなくなる人も、またその逆で急に攻撃的になる人もいます。あるいは、ずっと同じぐらい攻撃的であり続ける人もいれば、ますます攻撃性を増す人もいるでしょう。

■**攻撃行動の発達に関わる個人差**　感情や衝動の制御がもともと不足していると（つまり、むずかしい気性・気質だと）、年相応の方法

で感情や衝動を抑えることが困難であるといわれています（Kingston & Prior, 1995）。また，こうした気性は，発達初期から現われるので，本人の社会的環境やそこから受ける待遇（扱われ方）を左右します。これがひるがえって，本人の攻撃傾向を維持する要因となっている可能性が考えられます。

また，認知的な傾向に関していえば，攻撃を正当な社会行動であると思っている子どもは，攻撃行動を示しやすいことがわかっています（Erdley & Asher, 1998）。また，敵意的な知識構造をもっている子どもは，他者に敵意的な意図を知覚・帰属したり，攻撃的なふるまいをしたりします（Burks et al., 1999 ; Crick & Dodge, 1994）。これらは，社会的な刺激に関する情報処理の偏りあるいはゆがみであるといえます。

認知的傾向が攻撃行動へと向かわせる

■**攻撃行動の発達に関わる環境**　親子関係の点では，厳しいしつけ，あるいは虐待やネグレクトを受けた子どもは，より高い攻撃を示すことが指摘されています（Coie & Dodge, 1998 ; Englander, 1997）。また，親との愛着関係が不安定で拒否的だと，問題行動を起こしや

すいようです（Finnegan et al., 1996）。また，交友関係では，青年期に仲間集団の影響が大きいと考えられます（O'Brien & Bierman, 1987）。

　生育環境という面から見れば，家庭内での暴力を目撃することが攻撃行動の可能性を高めることもあります。たとえば，親の暴力を目撃した子どもは，成人してからの配偶者との間の葛藤で，ネガティヴな感情とコミュニケーションを示しがちになります（Hal-ford et al., 2000）。また，幼児期・児童期の子どもにとって，家庭内暴力の目撃は，攻撃あるいは不安・抑うつといった問題行動を起こす要因の1つとなります（Litrownik et al., 2003）。メディアにおける暴力に接する機会が多いと攻撃行動を促進する可能性が高いことは，すでに5～7章で詳細に述べたとおりです。

パーソナリティによる差

■**敵意的認知・共感性**　認知的な傾向として，社会的な刺激を敵意的な観点で解釈する**敵意的帰属スタイル**は，攻撃行動に対して促進的にはたらきます（Burks et al., 1999 ; Crick & Dodge, 1994 ; Dill et al., 1997）。ディルら（Dill et al., 1997）の表現では，「血のように赤く染められた眼鏡を通して世界を見る傾向」ということになります。逆に，自分を他者の視点に合わせる視点取得傾向（共感性の1つ）の高い人は，攻撃行動を抑制する可能性が高いといわれています（Richardson et al., 1994, 1998）。

■**自己愛**　伝統的にはこれまで，低い自尊心が攻撃行動を促進すると思われてきましたが，じつはそうではないことがバウマイスター

によって最近指摘されています（Baumeister & Boden, 1998）。彼らは，「攻撃は，好ましい自己評価と外的な脅威との爆発的な結合の結果として生じる」としています（p. 115）。特に，肥大した（＝他者評価よりも過剰に高く）不安定な（＝変動しやすい）高自尊心は，外的な評価に脅かされたときに，攻撃をもたらす可能性が高いということです。こうした自尊心は，まさに**自己愛**といえるでしょう。この自己愛と攻撃については，次章で詳しく述べることにします。

性別による差

　基本的には，男は女よりも攻撃的です。一般的にも，そのように思われています。スコット（Scott, 1999）によれば，若い男子は女子よりも，暴力犯罪で逮捕される可能性が6倍以上高いとされています。安藤ら（1999）の研究でも，男子のほうが身体的攻撃・言語的攻撃・敵意において，女子よりも高い値を示しました。ただし，怒りについては有意な差は見られませんでした。第12章でも改めて説明しますが，このように，怒りには性差がありません。

　なお，イグリーとステファン（Eagly & Steffen, 1986）によるメタ分析では，男子のほうがいくぶん女子よりも攻撃的であるが，研究間で一貫しているわけではない，ということを示しています。彼らは，心理的社会的な損害を与える攻撃よりも，痛みや肉体的な傷害を与える攻撃について，男子のほうが女子よりも攻撃的であるとしました。こうした性差は，発達的には3歳頃から現れ，男子の身体的な攻撃性が顕著となっていきます（Coie & Dodge, 1998 ; Maccoby, 1998）。ただ，女子はまったく攻撃しないわけではなく（Keeney & Heide, 1994 ; White & Kowalski, 1994），女子のほうが，

関係性攻撃のような間接的な形態の攻撃を含む,より広い範囲の攻撃を示すということです(Björkqvist & Niemelä, 1992 ; Björkqvist, 1994 ; Björkqvist et al., 1994)。男子は直接的攻撃を,女子は間接的攻撃を好むのです(Crick & Grotpeter, 1995 ; Öesterman et al., 1998)。すなわち,男子のほうが一見攻撃的であるという伝統的な見方は,よく調べれば単に攻撃の種類に差があるだけであって,攻撃性そのものには大きな性差はないのではないかと考えられます。

性差の説明理論

いずれにせよ(少なくとも形のうえでは)攻撃には性差があるわけですが,では,こうした男女の違いはいったい何に起因しているのでしょうか。性差を説明する理論には現在,内分泌学モデル,社会生物学モデル,社会的役割モデルの3つがあります。**内分泌学モデル**は,男性ホルモンのテストステロンが攻撃の原因であるとするモデルです(Archer, 1988 ; Archer et al., 1998)。ただ,動物における証拠は得られているものの,人間に関する両者の結びつきは確認されていません。次に,**社会生物学モデル**では,攻撃行動は,男性(オス)にとっての適応度,つまり,自然淘汰上の有利さを高めることと結びついているとされます(Daly & Wilson, 1988)。このため,自分の地位や力を証明したり,また,それが脅威に曝されたときにはそれを回復させたりする手段として,攻撃行動を用いる可能性が高いとされます。最後の**社会的役割モデル**は,男性の攻撃促進と女性の攻撃抑制は,性役割の社会化の結果であるとしています(Eagly, 1987)。たとえば,事前に挑発を受けたときや匿名状況(没個性化している状態)では,攻撃に性差は見られなかった,という

知見が報告されています（Bettencourt & Kernahan, 1997；Bettencourt & Miller, 1996；Lightdale & Prentice, 1994）。挑発を受けたり匿名であったりしたときに攻撃することは，女性の役割規範と真っ向から対立するものではありません。こうした状況によって性差がなくなるということは，性差がそうした社会規範の影響を強く受けているということを意味しています。

　社会生物学モデルと社会的役割モデルは，前者は進化（生物的起源）に，後者は文化（社会的起源）に，それぞれ性差の理由を帰属しているので，一見まったく異なる見解のように思えます。しかし，イグリーとウッド（Eagly & Wood, 1999）によれば，両者とも環境に適応・順応するために男女それぞれ異なる行動を選択している，と考えている点では同じだとされています。つまり，社会生物学的なアプローチでは，人類初期の繁殖戦略の違いに注目します。対照的に，社会的役割によるアプローチでは，時代や社会の構造や役割要求の違いに注目します。ここで，性差（すなわち，男女が選択する行動の違い）をもたらす影響源として，究極的なものから至近的なものまでを1つの連続体と捉えれば，人類にとっての究極的要因として進化が，個々人にとっての至近的要因として文化が，それぞれ位置すると考えられます。このように，進化と文化は，私たち人間の行動を規定する両輪といえるでしょう。

第10章 自己愛と攻撃

 自己と攻撃の問題については従来,低自尊心と攻撃との関連がしばしば指摘されてきましたが,近年ではむしろ,不安定で肥大した高自尊心(=自己愛)と攻撃との関連が注目を浴びています。

誰のために攻撃するのか?

 そもそも私たち人はいったい,誰(何)のために攻撃するのでしょうか? たとえば,行政の汚職事件や陰惨な殺人事件の犯人に対する抗議デモや反対集会などのような,社会正義としての怒りと攻撃はどうでしょう。それらは一見,世のため人のために捧げられているように思われます。怒りや攻撃は,こうして行動を起こし持続するためのエネルギー源であり,改革や変化をもたらすためには必要不可欠です。しかし,世のため人のために改革や変化を実現しようとする利他的公共的な社会奉仕活動も,究極的には,自分の生きる生活環境の改善や社会環境の安定につながります。つまり,見た目は他人のため(他者利益のため)のような行動もすべて,根本的には自分のため(自己利益のため)だと考えられます。何らかの犯罪

に対するデモや市民運動のような例は，機能的にいえば，社会的なレベルにおける制裁機能にあたると思われますが，個人レベルでの不当な扱いに対する公正回復としての制裁機能はもちろん，ほかの機能（防衛，強制，印象操作）はなおのこと，行為者本人である自己自身のためにあると考えられます。

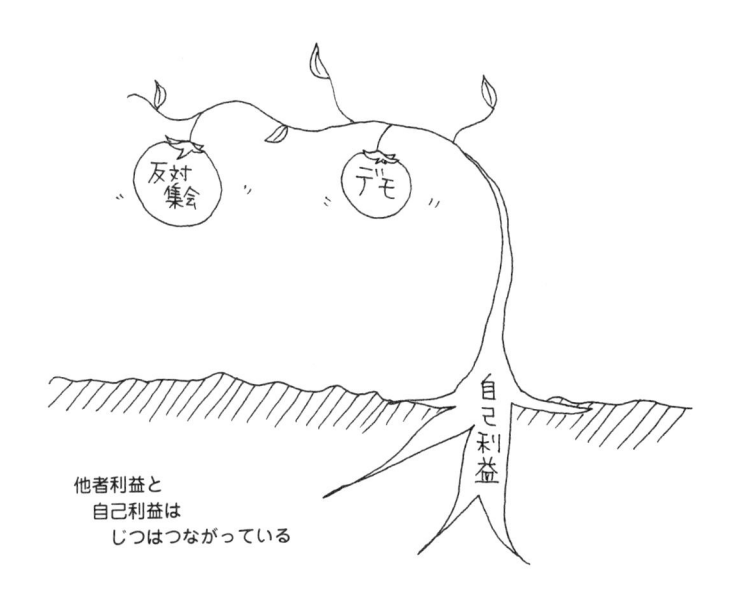

他者利益と
自己利益は
じつはつながっている

自己の観点から見た攻撃

このような自己の観点から攻撃の4機能（防衛，強制，制裁，印象操作）を見ると，それぞれ次のように解釈できます。すなわち，**防衛**は自己の安全を保ち自己の利益を守るため，**強制**は自己の利益を拡張・拡大するため，**制裁**は犯された自己の公正を回復すること

で自己の利益を確保するため、**印象操作**は自己のイメージを調整することで自己の利益を確保または拡大するため、というようにそれぞれ読みかえることができます。つまり、世の中の攻撃はすべて、自己利益の確保もしくは拡大を、その究極的な目標としているといえるのです。

理論的背景

■**自己本位性脅威モデル**　こうした自己利益の確保と拡大を絶えず強く求め続けているのが、いわゆる、**自己愛**だと考えられます。自己愛者は、自己評価が過剰に高いために、他人からの評価に敏感となり、かつ、それが**自我脅威**となるために、好ましい自己評価を維持しようと防衛的に反駁するような形で怒りの感情をいだき、攻撃行動を表出すると考えられます。これは、バウマイスターとボーデン (Baumeister & Boden, 1998) が、**自己本位性脅威モデル**として提出している考えです。つまり、肥大した不安定な自己は、常に脅威に曝されているために、まさに「危機的緊急事態にある」という怒り警報がいつも発令されているような状態といえます。この事態で自己利益を何とか確保しようとして、すなわち、自己の安全を保ち（防衛）、自己の公正を回復し（制裁）、自己のイメージを調整しようとして（印象操作）、攻撃行動を表出することになります。また、自己愛者は、自分のためならば方法は問わないので、自己利益を拡大しようとして、強制や印象操作のための攻撃行動を選択・実行することをそれほどいとわないでしょう（むしろ自己愛者本人にとっては、そうした行動さえも当然受けるべき自己利益の確保のためなのかもしれませんが）。

■ **DSM**　アメリカ精神医学会の DSM-Ⅳ-TR（精神疾患の診断・統計マニュアル，高橋・染矢・大野 訳，2002）では，自己愛は人格障害の1つとして数えられています。その DSM における診断基準を見てみましょう（表4）。表にあるとおり，自己愛者は，過剰な賞賛を求め，他人を不当に利用し，共感性が低く，尊大で傲慢な行動や態度を示すとされています。これは，過剰なまでに自己利益の確保と拡大を求めて止まないパーソナリティであるといえます。つまり，自己愛者の求める行動の目標と機能は，攻撃行動の目標と機

表4　自己愛人格障害
（『DSM-Ⅳ-TR 精神疾患の診断・統計マニュアル』高橋ら訳，2002 より抜粋）

誇大性（空想または行動における），賞賛されたいという欲求，共感の欠如の広範な様式で，成人期早期までに始まり，種々の状況で明らかになる。以下のうち5つ（またはそれ以上）によって示される。

自己の重要性に関する誇大な感覚（例：業績や才能を誇張する，十分な業績がないにもかかわらず優れていると認められることを期待する）。

限りない成功，権力，才気，美しさ，あるいは理想的な愛の空想にとらわれている。

自分が"特別"であり，独特であり，他の特別なまたは地位の高い人達に（または施設で）しか理解されない，または関係があるべきだ，と信じている。

過剰な賞賛を求める。

特権意識，つまり，特別有利な取り計らい，または自分の期待に自動的に従うことを理由なく期待する。

対人関係で相手を不当に利用する，つまり，自分自身の目的を達成するために他人を利用する。

共感の欠如：他人の気持ちおよび欲求を認識しようとしない，またはそれに気づこうとしない。

しばしば他人に嫉妬する，または他人が自分に嫉妬していると思い込む。

尊大で傲慢な行動，または態度。

第 10 章 自己愛と攻撃

能とにかなりの部分で符合するのです。自己愛者は，他者に怒り，攻撃する条件が非常によく揃っている（攻撃するための準備性がきわめて高い）といえるでしょう。

ただ，こうした誇大な自己像を形成して維持しようと努力する背後には，傷つきやすく脆弱な自己という自我の病理が潜んでいるものと考えられます。つまり，自己愛は，誇大な自己像をもつことによって，脆弱な自己を防衛していると解釈できます（Kohut, 1971, 1984）。コフート（Kohut, 1971, 1984）は自己愛者のこうした激しい怒りと攻撃を自己愛憤怒と呼びました。

また，青年期は自己評価が不安定に揺れ動く時期ですが，小塩（1998, 2002）は自己愛が青年期における心理的特徴の1つであることを指摘しています。したがって，しばしば注目される青少年の攻撃の問題を考える場合，こうした自己愛的な動機が青年期の攻撃の基盤をなしている可能性について，念頭に置いておく必要がある

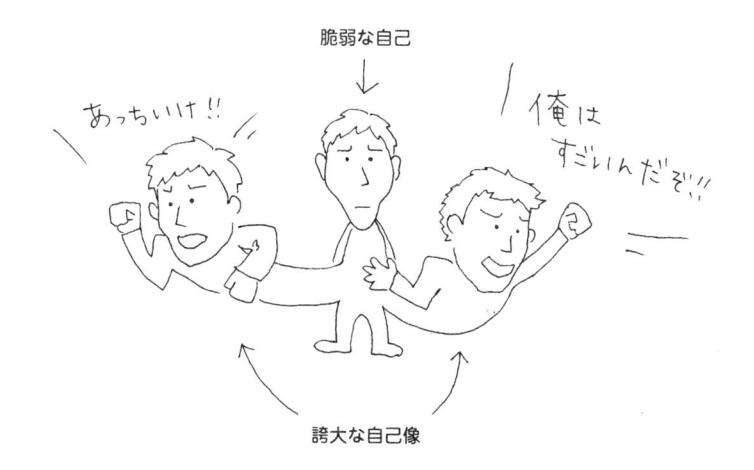

誇大な自己像が，脆弱な自己を守っている

かもしれません。

実証研究

　このように，理論的に考えれば，自己愛と攻撃はとても密接に結びついていることがわかります。従来は，自尊心の低さと攻撃との関連が広く指摘されてきました。こうした流れに対し，近年になって自己本位性脅威モデルに基づき，自己愛と攻撃の関係について検討した実証研究が報告されています。ブッシュマンとバウマイスター（Bushman & Baumeister, 1998）は，自尊心（自分を好ましいと思う思考・認知）ではなく自己愛（自分を好ましく思いたい動機・情動）こそが攻撃行動に結びついていることを実験的に示し，自己本位性脅威モデルの妥当性を検証しました。

■**著者の研究**　湯川（2003）は，こうした自己愛と攻撃の関係を，現実への不適応（対人的孤立感）と虚構への没入（テレビゲームやインターネットとの接触量・熱中度）という点を踏まえて，質問紙を用いて実証的に検討しました。その結果，予想通り，自己愛傾向が高いほど攻撃性が高いことがわかりました。これは自己本位性脅威モデルに一致するものです。また，対人的孤立感が高いほど，攻撃性が高いことが示されました。おそらく，他者からの心理的社会的支援（資源）の供給あるいは承認感・受容感などが不足すると，他者に対する不信感・猜疑心を生むのでしょう。さらに，これら自己愛と対人的孤立感は両方とも，虚構への没入（ゲームやネットへの熱中）に結びついていました。

第10章 自己愛と攻撃

自己と虚構

　この虚構への没入，という点についてもう少し詳しく述べます。ゲームやネットといった仮想的な虚構（メディア）世界では，現実世界よりも自由に自己や感情を表現したり，理想的な自己を実現したりすることができるため（西垣，1995；豊島，1998），達成感・統制感・解放感・満足感といったポジティヴな感情を比較的容易に得ることができるでしょう。すなわち，ゲームやネットといった虚構（メディア）は比較的安全な場（居場所）を提供し，自己を回復・補完・拡張するという点で有効なツールだと考えられます。したがって，自己愛傾向が高いほど（自己が傷つきやすく脆弱なほど），また，対人的な孤立感が高いほど（現実世界において不適応なほど），そこにのめり込むのだと考えられます。

　現在，テレビゲームはもとよりインターネットの普及は著しく，青少年の間でそうしたメディアを利用する機会が高まっています。昨今では，"ネット依存""ネット中毒"といった問題も指摘されています（岡田，1998；小林，2000）。こうした虚構（メディア）世界とのかかわり方と，自己あるいは攻撃がどう関連しているかは，今後さらに検討すべき問題といえます。

自己愛と自己存在感の希薄さ

　自己愛者は，根底的には不安定で傷つきやすく脆弱な自己を抱えているが，その防衛的な現われとして，誇大な自己像をもち，自己存在感を過剰に強く意識することで，何とか自己を保っていると解

釈することができます。これに対し,そうした脆弱な自己を同様に抱えているけれども,仮にその自己が直接的に表面に現われるような場合,自己存在感が希薄だという感覚として意識されるでしょう。すなわち,同じ自己の弱さが,一方では自己愛として,他方では**自己存在感の希薄さ**として,表に出てくる可能性が考えられます。次章では,この自己存在感の希薄さについて詳しく論じることにします。

第11章 自己存在感と攻撃

　前章でも述べたように，自己愛は，不安定で傷つきやすく脆弱な自己の崩壊を防ぐために，誇大な自己像をもち，自己存在感を過剰に強く意識する場合であると考えることができるでしょう。これとは逆に，そうした脆弱な自己がそのまま表に出る場合，自己の存在感が希薄だという意識が前面に現われるのではないかと思われます。

現代社会と自己存在感

　現在社会は，物質的な豊かさ，情報化の高度さと複雑さ，価値の多様化と相対化に象徴されます。そこでは，確固たる基準・目標・規範が見失われ崩れつつあります。こうした中，学校や家庭での教育における少年への対応は非常にむずかしくなっているためか，青少年の暴力や攻撃が改めて社会的に問題視されるようになっているのかもしれません。

　このような社会状況において，「自己感覚の喪失」（清永，1999）や「空虚な自己」（影山，1999）といったように，青少年の間に**自己存在感の希薄さ**が見られるという指摘がなされています。清永

(1999) は，戦後から1980年代ごろまでは生存や反抗が少年非行のおもな背景であったが，1990年代以降は衝動の時代であるとしました。つまり，自己感覚の喪失とともに他者感覚や社会的規範軸の喪失によって心が空洞化し，このために少年たちは衝動的に（個人的感情を無差別の対象に向かって突発的一時的に表出するような）暴力的な非行へと至るとしています。また，影山（1999）は，空虚で希薄な自己の存在を確認するためになされるかのような自己確認型の犯罪や非行が，近年しばしば見受けられるようになったと論じています。すなわち，既存の価値や規範が崩れつつある現代社会において，自己存在感の希薄さは，程度の差はあるものの，少年たちの多くに通底する1つの共通心性といえるかもしれません。

自己・他者の感覚や規範軸の喪失が心の空洞化へとつながる

自己存在感の希薄さとは何か？

■**著者の研究** では実際，自己存在感の希薄さは攻撃性とどのように関連しているのか，この問について検討する必要があるでしょう。

第11章 自己存在感と攻撃

ただ，これまで心理学において，自己存在感についての明確な概念化はなされてきませんでした。そこで湯川（Yukawa, 2002；湯川, 2002a；Yukawa, 2004）は，自己存在感の希薄さを測定する尺度を作り，攻撃性との関連を検討することとしました。

尺度作成に先立ち，まずは，自己存在感を「**自分自身に関する肯定的な存在理由もしくは存在価値についての感覚**」と定義しました。そして，概念的理論的に詰めていくと（Buss, 1980；James, 1892；Kant, 1987；Markus & Nurius, 1986；落合，1982），自己の存在を認識する次元として，大きく3つの次元が想定されました。すなわち，**対自的次元**（個人的な内面世界に対する注目や思考を基盤とする次元），**対他的次元**（周囲の他者や社会との関係を基盤とする次元），**対時間的次元**（自分の過去・現在・未来に関する展望を基盤とする次元）の3次元です。これに基づいて，測定するための尺度項目を作成しました。なお，自己存在感は希薄なときに初めて意識され問題となる感覚だと考えられることから，自己存在感の「希薄さ」に焦点を当て，尺度を作成することとしました。

また，この自己存在感の希薄さは，「アイデンティティの確立」「自己愛傾向」と負の相関を，「アレキシサイミア（失感情症）」「情緒不安定性」「精神的不健康」と正の相関を示すだろうと予想されましたので，自己存在感の希薄さとともに，これらについてもいっしょに測定しました。これは，自己存在感の希薄さ尺度が，当の測定したいものをきちんと測定しているかといった，尺度の構成概念妥当性を確認するためのものです。変数間の関係について予想したとおりの結果が得られれば，尺度の妥当性が示されたことになります。

その結果，予測通り，対自・対他・対時間いずれの次元での自己存在感の希薄さも，「アイデンティティの確立」「自己愛傾向」との間に負の相関が，「アレキシサイミア」「情緒不安定性」「精神的不

健康」との間に正の相関が見られました。すなわち、アイデンティティの確立が不十分であり、感情体験が乏しく不安定であるほど、自己の存在感覚が希薄であり、精神的には不健康であることが明らかとなりました。また、自己愛との関連についても、予測通り、自己の肯定的な存在理由や存在価値といった自己存在感についての感覚が薄いほど、自己の強い肯定的感覚である自己愛傾向は低いことが認められました。

自己存在感の希薄さと攻撃性

次に、自己存在感の希薄さと攻撃性との関連についてですが、おおむね次のような結果が得られました。すなわち、自己存在感の希薄さは、敵意や怒りといった**非表出性の（内的な、潜在的な）攻撃**とは正の相関があり、言語的攻撃や身体的攻撃といった**表出性の（外的な、顕在的な）攻撃**とは負の相関があるかもしくは関連が見られませんでした。したがって、自己存在感を希薄に感じている者は、内的には怒りや敵意などを沸々といだいてはいるものの、それを他者とのかかわりの中で表現したり、自己存在を呈示したりできないでいる、といった像が浮かびます。

ただ注目すべきは、女子について、自己存在感の希薄さと身体的攻撃との関連が示された点です。男子ではなく女子についてのみ、対自的および対他的次元での自己存在感の希薄さが身体的攻撃と正の関係にあったのです。つまり、私的に実感している存在価値と他者との関係によっていだく肯定的な存在感覚が薄いほど、身体的な暴力を正当化したり実行したいと思ったりする傾向が強いという関係が見られました。一方、男子については、どの次元の自己存在感

の希薄さも有意な関連を示しませんでした。

なお,本研究で用いた攻撃性質問紙（BAQ）の身体的攻撃の項目は,あくまで身体的な暴力を行使したいと思う傾向を測定するものであり,実際の行動頻度を測っているわけではありません。したがって,そうした攻撃動機を行動に移すかどうかは,また別の問題として残されていることを考慮すべきです。

女子においてこのような関連性が見られた1つの可能性として,以下の点が考えられます。分析結果をもう少し詳しく見ると,対自的次元よりも対他的次元の自己存在感の希薄さのほうが,身体的攻撃との関連が強いという結果でした。そして男女による違いを見ると,女子は男子に比べて,対他的次元での自己存在感,すなわち,他者からの評価や対人関係のような社会的側面に基づく自己存在感を相対的に高くいだいている（相対的に高い価値を置いている）ことが明らかとなっています。すなわち,女子は自己の公的な評価やイメージに対して敏感であり（菅原,1984),他人に対する信頼感

希薄化する自己存在感

も高い（杉原・天貝，1996）ことから，周囲の他者や社会からネガティヴな評価やイメージを付されたときの衝撃は強く，そのために，負の価値付けをどうにか撤回するために防衛的に反撃したいと強く動機づけられるのではないかと考えられます。

自己存在感の希薄さと自己愛

最後に，自己存在感の希薄さと自己愛との関連について述べます。前章で紹介した湯川（2003）の研究から，自己愛は敵意・怒り・言語的攻撃・身体的攻撃のいずれとも関連が強いことがわかっています。中でも特に，表出性の攻撃との結びつきが強いことが見出されました。すなわち，自己愛は顕在的（外面的）な攻撃性と結びつきやすいといえます。これに対して，湯川（Yukawa, 2002；湯川，2002a；Yukawa, 2004）の一連の研究で示されたように，自己存在感の希薄さは敵意や怒りと結びついていて，むしろ，言語的攻撃との間には負の相関が見られました。つまり，自己存在感が希薄なほど，非表出性の攻撃との結びつきが強まるわけです。いわば，潜在的（内面的）な攻撃性へと向かいやすいといえます。

自己愛と自己存在感の希薄さは，前者が過度な自己肯定感の高さであるのに対して，後者は自己肯定感の低さということになります。つまり，これらは一見，正反対の現象あるいは概念に見えます。しかし，攻撃との関連からすれば，両者はともに攻撃と強い結びつきが見られます。ただ，攻撃のどの側面と強く結びついているかに違いがあるわけです。したがって，この自己愛と自己存在感の希薄さは，まったく逆の異なる現象というよりは，**不安定で脆弱な自己の病理**として，根は同じなのではないかと推察されます。その病理が

ストレートに現われた場合は自己存在感の希薄さとして，逆に，防衛的に現われた場合は自己愛として，現象化するのではないでしょうか。

第4部
暴力の制御に向けて

第4部　暴力の制御に向けて

第12章
怒りの理論と定義

　おそらくこの世の中で，怒ったことが一度もないという人はいないでしょう。私たちにとって，怒りはそれほどに日常的な感情であり，感覚的には共通理解が得やすいものです。では**怒り**（anger）とはいったい何でしょうか。こうしていざ言葉で正確に定義しようとすると，じつは非常にむずかしいことに気づきます。なぜなら，怒りという現象は複数の側面から捉えることができるために，ある面に注目して定義しようとすると，他の面が見えなくなって定義から抜け落ちてしまうからです。

　こうした複層的な構造をまとめると，怒りは大きく4つの視点から理解することができます（怒りを含む感情をこのように4つの視点に分ける議論については，Cornelius, 1996/1999 が参考になります）。それは，認知，生理，進化，社会，の4つの視点です。

怒りに関する4つの視点と定義

■**認知的な原因**　はじめに，認知的な視点からの定義では，怒りを「故意に不当な扱いを受けたときに生じる感情」と捉えることがで

きます。つまり，人はどのような場合に怒るのかといった認知的な原因に焦点を当てています。ここでは，怒りの対象（経験）をどのように評価するかが重要な鍵となります。そのため，何らかの身体的変化（生理的覚醒）が生じたとしても，それだけでは怒りにはならないとされます。そもそもアリストテレスをして，その『弁論術』（戸塚訳，1992）の中で，**故意性**や**不当性**のような認知的な側面から怒りは定義されています。後述する進化論系のイザード（Izard, 1977/1996）や社会的構成主義のアベリル（Averil, 1982, 1983）も，故意性や不当性の認知は必要不可欠な要素であるとしています。

■**生理的な性質**　次に，生理的な視点から見れば，怒りは「緊急事態に対する交感神経系の活動亢進を中心とした身体の準備状態」とすることができます。ここでは，人は怒るとどうなるかといった生理的な性質に注目しています。古典的にはキャノン（Cannon, 1929）の**闘争－逃走反応**に示されるように，私たちは緊急事態に直面したとき，交感神経系の活動亢進と副腎髄質からのアドレナリン（エピネフリン）分泌増加が生じます。その結果として，心拍・血圧の上昇，呼吸数の増加，消化活動の抑制，瞳孔の散大，骨格筋への血流量の増大，立毛，発汗などが起こります。たとえば，敵意的な実験者（もしくはサクラ）の挑発によって，実験参加者の心拍率が増加することが実験的に示されています（Ax, 1953；Schachter, 1957）。ノバコ（Novaco, 1994a, 1994b）は怒りを，こうした生理的覚醒と上述したような敵意性（故意性・不当性）の認知によって生じる主観的な情動状態であると考えました。

■**進化的な機能**　続いて，進化的な視点（Darwin, 1859/1990）で怒りを説明すると，怒りは「侵害に対する防衛のために警告として喚

起される心身の準備状態」と見なすことができます。すなわち，人はなぜ怒りをもつのか，その適応的な機能からの定義です。イザード（Izard, 1977/1996）は，怒りは自己防衛に効果的な行動へのエネルギーを動員するとしました。また，戸田（1992）によれば，怒りとは権限の侵害に対する攻撃準備と警告（具体的には，表情の変化や身体的な緊張など）という機能をもつとされます。このように，進化論的に見れば，私たち人間に怒りという感情が備わっているのは，それをもつことによって**適応度**（＝生存率×繁殖率）が高まるから，ということになります。

■**社会的な意味**　最後に，社会的（社会的構成主義的）な視点では，怒りとは「所属する特定の社会システムの範囲内で，社会的安定の維持（道徳的秩序の確認と調整）に貢献する，社会的に構成されたシンドローム」であると想定されます。いわば，人が怒るとはどういうことなのかといった社会的な意味に注目しています。社会的構成主義の代表的な研究者であるアベリル（Averill, 1983）によれば，怒りにとって，生理的な覚醒や認知的な評価はもちろん重要です。ただ本質的な点は，私たちの怒り経験というものは，自分の住む社会・文化における特定の道徳的秩序に沿って学習された特定の社会的規則や社会的文脈に基づいて構成される，という面であるとしています。ここで，対象（経験）をどのように解釈するか，つまり故意性や不当性あるいは権利や規則の侵害をどう認知するかも，そもそも社会的に構成されています，したがって，何かで怒りを覚えるということは，何かによって秩序が侵されていることを意味するために，怒りはそうした秩序の調整・維持に役立つということになるのです。

第12章　怒りの理論と定義

認知的原因からみれば
　不当な扱いへの対応

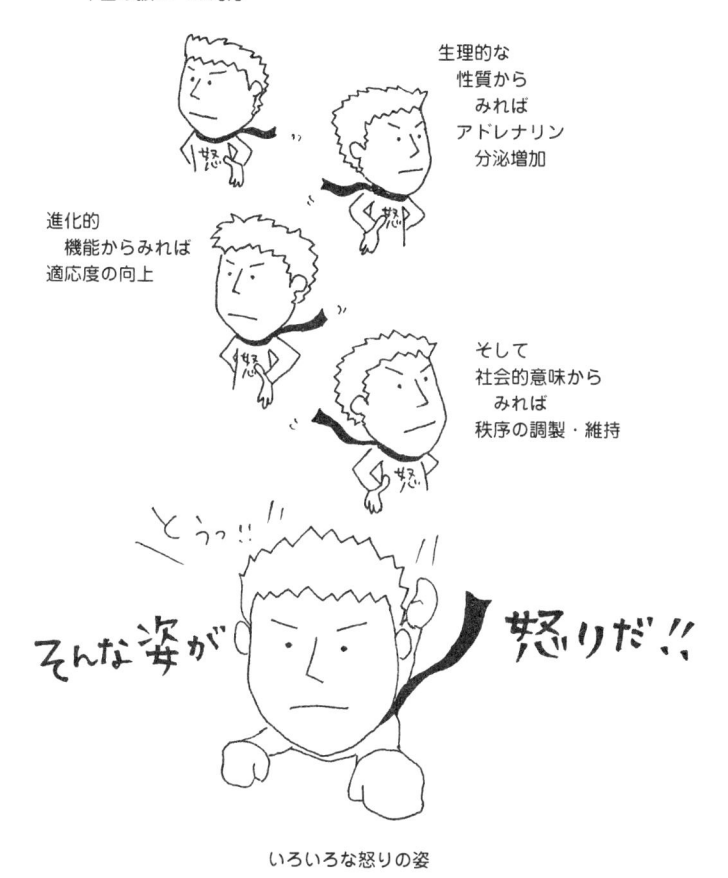

生理的な
　性質から
　　みれば
　アドレナリン
　分泌増加

進化的
　機能からみれば
適応度の向上

そして
社会的意味から
　　みれば
秩序の調製・維持

そんな姿が　とうっ!!　怒りだ!!

いろいろな怒りの姿

■**怒りの定義**　これら4つの視点を大きくまとめると，怒りは次のように定義できるでしょう。すなわち，怒りとは「**自己もしくは社会への，不当なもしくは故意による，物理的もしくは心理的な侵害に対する，自己防衛もしくは社会維持のために喚起された，心身の**

第4部 暴力の制御に向けて

準備状態」です。なお、これは筆者による現時点での定義であり、今後、随時改訂されてしかるべきものです。

攻撃と怒りの関係

■**怒り≠攻撃**　続いて、攻撃と怒りの関係について議論を進めましょう。私たちは、日常的な考えとして、人は怒ったときには攻撃するものと思い込んでいる節があります。また、攻撃しているということは内心怒っているのだろうと推測することが多いはずです。つまり、怒りという内的な感情と攻撃という外的な行動とは1対1で対応していると思いがちです。しかし、自分のこれまでの経験を冷静にふり返って考えてみれば、必ずしもそうでないことはすぐにわかります。私たちは、怒りを覚えたときに必ずしも攻撃せず、我慢することが多いことに気がつくはずです。このことは従来、いくつかの研究によって一貫して報告されています（Averil, 1983；木野，2000；大渕・小倉，1984；湯川・日比野，2003）。

つまり、攻撃と怒りの関係についての重要な注意点の1つは、怒りは必ずしも攻撃をもたらすわけではない、ということです。言い換えれば、攻撃とは、怒りのあとに生じる数ある行動のうちの1つにしかすぎません。なお、これとは逆に、怒らなくても攻撃する、という場合もあるでしょう。たとえば、純粋な道具的攻撃の場合、何らかの目標を得るための手段として戦略的制御的に攻撃行動を用いるわけですから、必ずしも怒りは必要ありません。むしろ、冷静沈着に攻撃を使うほうが、所定の目的を首尾よく遂行するには都合がよいかもしれません。

道具的攻撃でも、たとえば、社会的公正を維持・回復するための

第 12 章 怒りの理論と定義

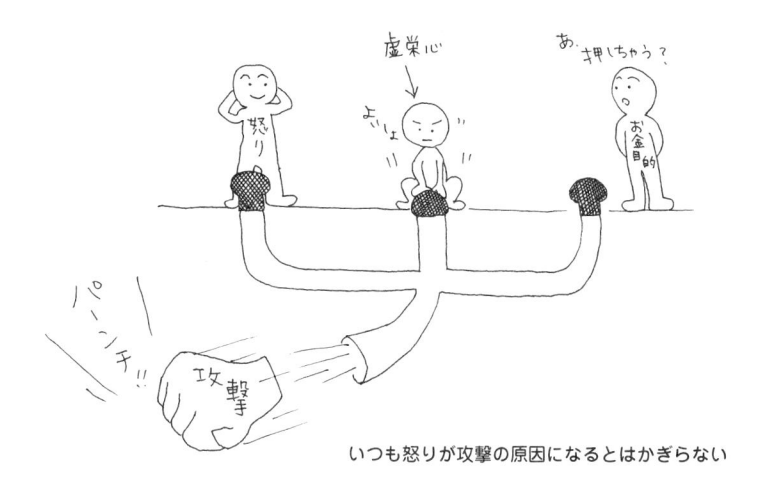

いつも怒りが攻撃の原因になるとはかぎらない

　道具的攻撃には，何らかの社会的な怒りを伴うことがあるでしょう。また，本質的には印象操作のための道具的攻撃も，負のイメージを付されたことに対する怒りが前提になっているかもしれません。その一方で，いじめ，暴力による強制・搾取，虚栄のための攻撃といった，怒りを伴わない道具的攻撃は，学校や職場などにおける問題の例としてあげられます。通常，怒りの制御という面では，怒りや攻撃の問題を有する当人や周囲がそれをどう理解しどう制御すべきかに焦点が当てられています。これに対して，純粋な道具的攻撃をどう制御するかは，やや別の問題になります。なぜなら，道具的攻撃を用いる当人は何らかの目標を得るための手段としてもともと「制御的」に攻撃を選択しているのであり，実際に何とかしたいと思う主体はあくまで周囲の他者だからです。こうした道具的攻撃の制御には，攻撃者当人に，社会的なルールやシステムあるいは攻撃以外の効果的な手段をいかに学習させるか，攻撃を受ける相手の気持ちにどれだけ共感させるか，さらには，そうした学習や共感をうながす

機会や環境をどのように整えるか，などが研究の焦点となってくるでしょう。

■**性差**　攻撃と怒りの関係について重要なもう1つの注意点は，攻撃には性差があるが怒りにはない，ということです。一般的な認識からすれば，男子のほうが攻撃的であるから（これは実証されているので基本的には正しいのですが［たとえば，安藤ら，1999］，後述するとおり厳密にいうと議論の余地はあります），つい男子のほうが怒りやすいと思ってしまいます。しかし，内的な感情と外的な行動とは必ずしも常に一致するわけではないことは，先ほども指摘したとおりです。つまり，攻撃と怒りの相関の誤った認識から私たちは間違った推測をしがちですが，じつは，内的な状態である怒り感情に性差はほとんど見られていません（安藤ら，1999；Averil, 1983；日比野・湯川，2004；大渕，1987）。男子と女子とでは，外的な表出段階としての攻撃行動に差があるのであり，内的な喚起段階としての怒り感情には差はないのです。さらにいうと，じつは外的に表出される攻撃行動も，男子に見られ女子に見られないのではなく，両者は，表出（行動）の形態が違うだけとも考えられます。すなわち，男子は女子に比べて**身体的攻撃**（苦痛や身体的損傷を生む攻撃）が，一方，女子は男子に比べて**関係性攻撃**（心理的あるいは社会的損害を生む攻撃）が優勢だといわれています（Eagly & Steffen, 1986；Björkqvist & Niemelä, 1992）。攻撃を測定する心理尺度や実験方法は通常，身体的攻撃（暴力）に重点を置いています。このために，方法論上，数値的には男子のほうが攻撃的という結果になります。しかし，こうした形態の違いを考慮すれば，攻撃自体にも性差はない可能性があります。

第13章 攻撃と怒りの制御

　攻撃と怒りとは何かについてここまで広く見てきましたが、この章では、それらをどう制御（コントロール）していくかという問題について検討してみたいと思います。

制御とは何か？

　私たちの普段の生活において、怒りが喚起されることはやむをえません。ただ、その怒りを単に抑制することは、身体的にも社会的にも害をもたらします。たとえば、身体的には、怒りの**抑制（非表出）**は高血圧（井澤ら、2004；Jorgensen et al., 1996）といった心疾患の主要な危険因子と結びつきやすいといわれています。また、社会的には、他者からの不当な扱いや搾取に対して怒りを見せない（やられたらやりかえすと認識されない）と、そうした不利益をそのまま被ることになります（Frank, 1988/1995）。では、一切我慢せずに表に出してみてはどうでしょうか。しかし、怒りを単に**表出**することもまた、身体的あるいは社会的に有害であるとする研究が報告されています。身体的には、怒りの表出は心臓血管系の賦活（井澤

ら，2003）や高コレステロール（Muller et al., 1995）との関連が示されています。一方，社会的には，怒りの表出は攻撃と見なされるために，対人的な関係を悪化させる可能性があります（木野，2003）。要するに，制御とは，単なる抑制でも表出でもなく，いかにして身体的にも社会的にも健全な形で怒りの感情を処理するか，という問題と考えることができます。なお，厳密には，怒りの表出は必ずしも攻撃的なものばかりとはかぎらないので（木野，2000），ここでは，怒りの「直接的な」表出を攻撃と捉えることにします。

では，具体的に，攻撃と怒りをどう制御すればよいのでしょうか。これを考えるために，制御の目標として2段階を想定するとよいと考えられます（図10）。私たち人間から怒りの感情を取り除くことはできません。そこではじめに，怒りの感情が直接表出する（攻撃として行動化する）ことを防ぐ，あるいは適切な（社会的なルールに沿った）別の形で表現することが，**第一の制御**の目標となります。これは行動面に向けられた外的制御といえます。次に，感情面に向けられた内的制御として，怒りをどう治めるか（怒りの経験を自分の中にどう取り込んでいくか）が**第二の制御**の目標となります。なお，攻撃を怒りの直接的な表出とすれば，攻撃と怒りの制御とは，実際のところすべて「怒りへの対処」という問題に収斂されます。

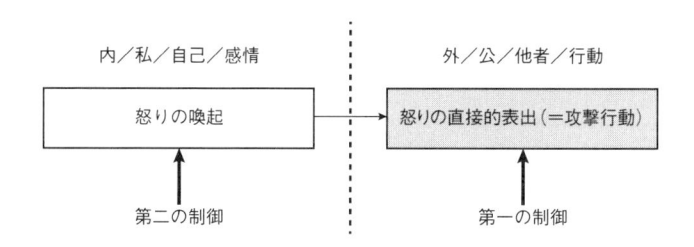

図10 制御の目標に関する2段階モデル
（湯川，2004に基づいて作成）

第13章 攻撃と怒りの制御

制御に関する研究の概観

　攻撃と怒りの制御に関する臨床的な技法や実証研究が，これまでにもいくつか提出されています。上記の2段階モデルを念頭に置きながら，順次それらを概観することで，どういった制御の方法が考えられるかを模索してみましょう。

■**認知行動アプローチ**　ノバコ（Novaco, 1975）は，マイケンバウム（Meichenbaum, 1975）のストレス免疫訓練を怒りの制御へと応用しました。そこでは，**リラクゼーション**と**自己教示**の方法を学ぶことで，怒りを喚起するような出来事に遭遇したときの対処の仕方を身につけます。行動的な技法としてリラクゼーションは，怒りに伴う動揺や覚醒を鎮めることを目標とします。もう一方の，認知的な技法である自己教示は，怒りのメカニズムを知ったうえで，状況に対して冷静に対処し，また，異なる視点から状況を見つめるよう自ら

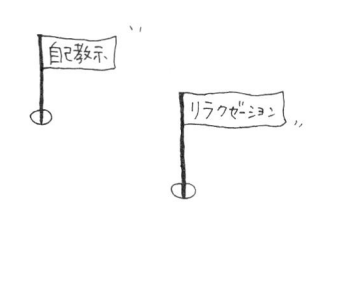

うまく
コントロールできるかな…？

言い聞かせることを目標とします。たとえば，ベックとフェルナンデス（Beck & Fernandez, 1998a）は，こうした認知行動的な技法を用いることで，怒りの頻度と持続時間が有意に低減したことを示しました（なお，この研究では，認知的技法あるいは行動的技法のみでも効果が見られました）。ノバコ（Novaco, 1975）に始まるこうした怒りへの認知行動アプローチの有効性は，50の研究に関するメタ分析を行なったベックとフェルナンデス（Beck & Fernandez, 1998b）によって確認されています。

　認知行動アプローチでは，自分自身をモニターすることで，早い段階から怒りの喚起に気づき，落ち着いて冷静に対処することが求められます。そして，そもそも落ち着くためのリラクゼーション自体が，怒りの低減に効果をもつことがわかっています（Deffenbacher et al., 1990）。わが国では井澤・依田・児玉（2002）が，リラクゼーションの1つである呼吸法によって，生理的覚醒や主観的な怒りの気分が低減することを明らかにしました。また，運転中の怒りについて検討したデッフェンバッハら（Deffenbacher et al., 2000b）は，リラクゼーション（もしくは認知的技法とリラクゼーションとの組み合わせ）が運転中の怒りを低減することを示しました。一方，認知的なアプローチによって，怒りの直接的な表出が避けられること，さらには，適応的な仕方で怒りを表出することが可能となります（Deffenbacher et al., 2000a）。日本では増田・長江・根建（2002）が，怒り喚起時の効果的・非効果的な行動（表出方法）についてグループで話し合うセッションを繰り返すことで，特性怒りの低減に効果が見られたことを報告しています。

■感情制御方略の研究　認知行動アプローチとは別に，感情制御方略の研究からもいくつか示唆が得られます。ノーレン＝ホエクセマ

ら (Nolen-Hoeksema & Morrow, 1993；Nolen-Hoeksema et al., 1993) の抑うつに関する研究では，自己注目的な反芻が抑うつ気分を維持するか促進したのに対して，気晴らしは抑うつ気分を低減させました。これに習って，ラスティングとノーレン＝ホエクセマ (Rusting & Nolen-Hoeksema, 1998) が怒りについて検討したところ，反芻は怒りを促進するのに対して，**気晴らし**は怒りを低減するかあるいは効果をもちませんでした。また，ブッシュマン (Bushman, 2002) による実験でも，怒りの対象（経験）を反芻すると，気晴らしや何もしない場合に比べて怒りが増加しました。これらの研究知見からすれば，怒りの対象（経験）について考えることはかえって有害なので，何もしないかあるいは別のことに注意を向けたほうがよいことになります。したがって，認知的に対象（経験）に向き合い再体制化しようと試みる認知行動アプローチとは一見矛盾する結論になります。

　たしかに，気晴らしや何もしないといった方略は，第一目標の外的制御には有効でしょう。言い換えれば，まずは怒りに伴う覚醒を少しでも鎮めることが先決なので，気晴らしや何もしないといった回避的な方略は，短期的には意味があります。実際，ラスティングとノーレン＝ホエクセマ (Rusting & Nolen-Hoeksema, 1998) もブッシュマン (Bushman, 2002) もともに，実験室における短時間の実験という場で効果を検討しています。したがって，認知行動アプローチに当てはめれば，こうした方略は，経験初期におけるリラクゼーションなどと同様の役割を果たすのかもしれません。しかし，第二目標の内的制御の観点からすれば，こうした回避方略は，中長期的な意味での根本解決には結びつかないものと思われます。たとえば，湯川・日比野 (2003) では，怒り経験後の行動として忘却という方略を選択しがちなほど，特性怒りが高いことが示されていま

第 4 部　暴力の制御に向けて

す。これは、忘却という回避的な対処によって、怒りやすい傾向が維持されることを示唆しています。

したがって、怒りへの対処としてはおそらく、**第一の外的制御**を経たあとに、**第二の内的制御**まで果たすことが、短期的にも長期的にも、あるいは身体的にも社会的にも、より健全であると考えられます（湯川、2004）。これは、怒りに対する認知行動アプローチの基本的な姿勢と一致するでしょう。ノバコ（Novaco, 1975）に代表される認知行動アプローチはまず、第一の目標である外的制御に重点が置かれています。つまり、落ち着いて冷静に思考することで、

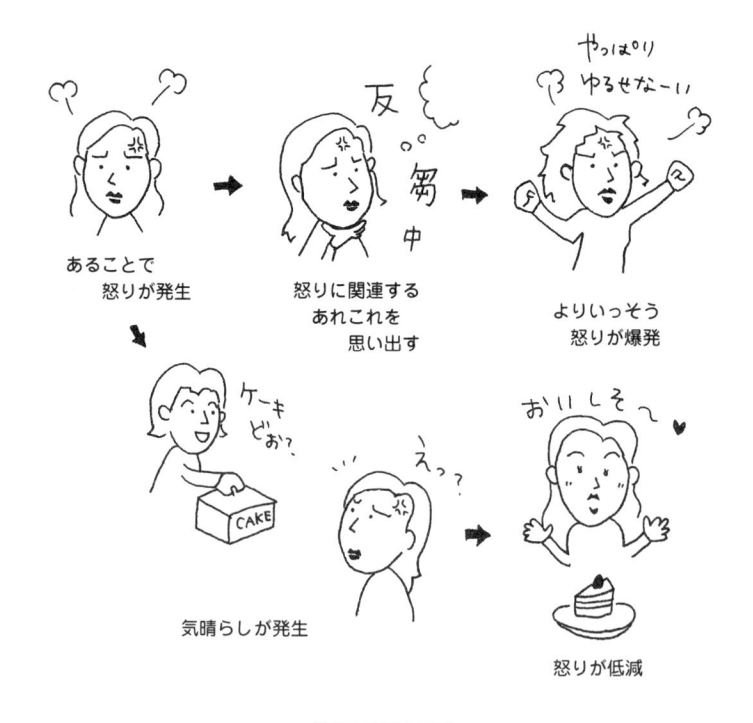

一般的な怒りの方略

怒りの直接的な表出を避け，適切な形での表出方法を模索することに主眼があります。そのうえで，経験を認知的に再体制化することによって，第二の目標である内的制御を果たそうと試みられています。

■**鎮静化過程の研究**　このような制御の流れは，日比野・湯川（2004）によっても支持されます。彼らは，日常生活における怒り経験がどのように鎮静化されるか，その過程の時系列的な変化を検討しました。その結果，経験直後は感情的な要素が攻撃（怒りの直接的な表出）を規定していますが，2〜3日後には認知的な要素が攻撃を左右するようになり，1週間後には感情も認知も攻撃に対して影響を及ぼさなくなることが示されました（図11）。つまり，経験直後というのは感情に支配されているために，直接的な怒り表出を避けるためにも，とりあえずはそこから一時的に退避することが必要となります（第一の外的制御）。この段階では，思考回避的な方略が最も有効でしょう。次に，2〜3日経つと，ある程度冷静になり，今度は対象（経験）をどう捉えるかといった認知が重要な位置を占めるようになります。このときには，回避することなく，対象（経験）と向き合い，認知的に再体制化していくことが必要となります（第二の内的制御）。その意味で，何らかの論理的な解決を図ることが効果的でしょう。なお，この「1週間」という時間幅は一律のものではありません。日比野・湯川（2004）の研究は，一般大学生を対象とした日常の怒り経験にかぎっています。実際，個々の経験の重さや深刻さはさまざまであり，また，経験をどう受け止めるかは個人によっても異なります。したがって，第一の外的制御の段階がどのくらい続くのか，その後，第二の内的制御の期間にどれほど要するかは，1週間未満の場合もあれば数十年かかる場合も

第4部 暴力の制御に向けて

あります（あるいは，外的制御を試みるのに精一杯で，最後まで内的制御に至らない可能性ももちろんあります）。

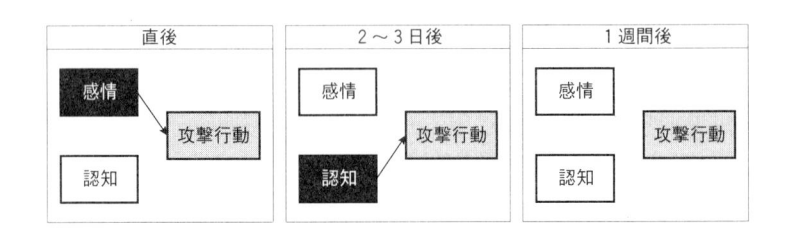

図11 怒り経験の鎮静化過程
（日比野・湯川，2004に基づいて作成）

言語化と筆記

　制御についての今後の展開として，**言語化**の観点があげられます。私たちは，怒りを制御していくうえで，特に第二の内的制御の段階で，いかに怒りの対象（経験）と向き合い，認知的に再体制化していくかが重要となってきます。このとき，ただ単に対象（経験）と向き合うだけでは，反芻が起こるだけでむしろ怒りが持続してしまうかもしれません。より効果的な向き合いとは，いかに対象（経験）を言語化し，さらには，物語化していくかであると考えられます。当然，この物語化のプロットは，社会的なルールやシステムに沿った形でなされなければなりません。そして，より健全な（ルールやシステムに沿った）言語化や物語化のプロセスを明らかにすることが，よりよい内的制御の方法を探究するうえで有効だろうと考えられます。近年，感情制御のための方法として**筆記**が注目されていま

す（Lepore & Smyth, 2002/2004）。怒りの制御における筆記の効果に関する研究は，今のところまだ少ないですが，経験の言語化や物語化をするうえで筆記は非常に有効なツールの1つと考えられることからも，今後の研究蓄積が望まれます。

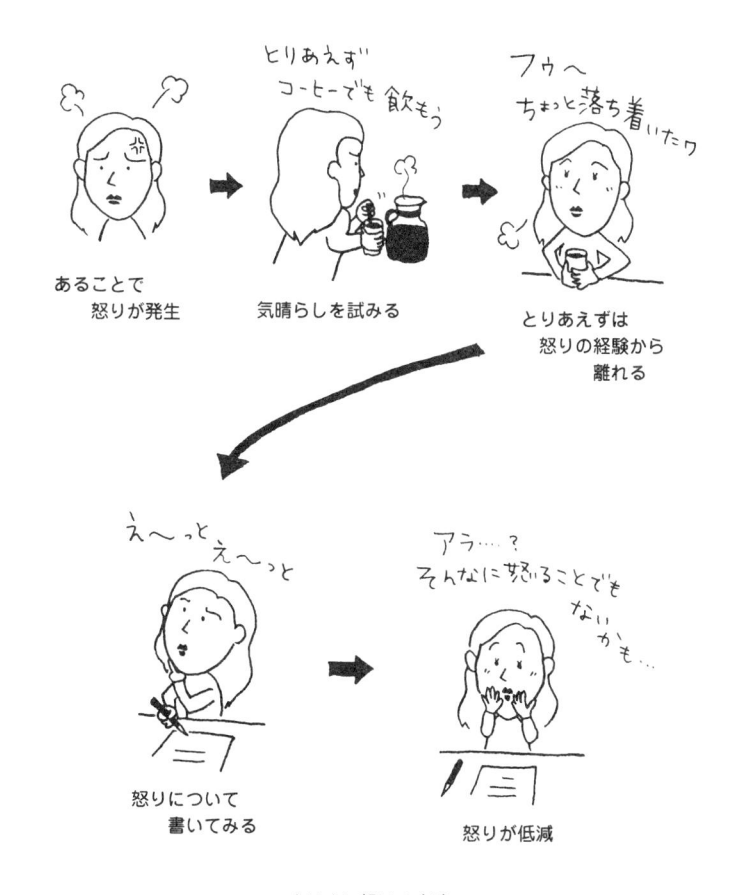

よりよい怒りの方略

あることで怒りが発生 → 気晴らしを試みる（とりあえずコーヒーでも飲もう）→ とりあえずは怒りの経験から離れる（フゥへ ちょっと落ち着いたワ）→ 怒りについて書いてみる（え〜っと え〜っと）→ 怒りが低減（アラ…？そんなに怒ることでもないかも…）

第4部 暴力の制御に向けて

第14章
教育的介入プログラム

　前章で、制御とは健全な形で怒りを処理することとしました。しかし、これを一律に定式化することは非常に困難です。具体的な枠組みとしては、どういう時と場合にはどういう形で表出あるいは抑制すべきか（第一の外的制御）、また、対象（経験）とどう向き合っていくべきか（第二の内的制御）、ということになるでしょう。

　これは、突き詰めれば、自分の所属する社会あるいは文化のルール・規則・規範・システムに沿った形で（もしくはその範囲内で）、行動を選択したり経験を再構成したりすることを意味すると思われます。より実際的には、たとえば、児童や生徒ならば、学校や学級

希薄化する対人社会

といった社会集団におけるルールに沿った方法を獲得しなければなりません。成人ならば，所属する組織や地域のルールに従う必要があります。こうしたルールはどこかに明示されているわけではなく，通常は，経験の蓄積によって各個人が内的に構築していくものでしょう。しかし，近年ますます対人的な接触が希薄となり経験が乏しくなっているのだとすれば，怒りに関する社会的ルールを具体的な形で学習する環境や機会が必要になってくると考えられます。その1つの試みが，児童用の**教育的介入プログラム**です。本書の最後として，ごく簡単にこうしたプログラムを紹介します。

児童への教育プログラム

こうした児童用のプログラムはこれまで数多く開発されています。たとえば，アメリカ合衆国を中心にさかんに行なわれている**セカンド・ステップ**（Beland, 1996 ; Frey et al., 2000）では，共感性・社会的問題解決・怒り制御を柱としたトレーニングが行なわれています。このセカンド・ステップは，わが国でも NPO 団体によって進められています（NPO 法人日本こどものための委員会）。日本においてはほかに，山崎（2000）の**フィークス**（PHEECS）が，まとまった教育的介入プログラムとして開発されています。23の研究に基づくメタ分析の結果，学校場面でのこうした教育的介入は，多動−衝動的あるいは攻撃的な行動の発生の低減に効果があることが示されました（Robinson et al., 1999）。なお，学校における児童用のプログラムについて詳しくは，松尾（2002）による優れたレビューがあるので，非常に参考になります。

第4部 暴力の制御に向けて

経験不足は
学習でカバー

青年・成人への教育プログラム

　道徳性や共感性，あるいは世界観などの形成や構築は，児童期であるならば教育効果が期待できるでしょう。しかし，10代を過ぎた青年あるいは成人の道徳性・共感性・世界観・価値観は変容がむずかしい（教育効果は薄い）のではないでしょうか。なぜなら，すでに構築されたものを，別の形へと変容させることに対して，強い抵抗が生じると考えられるからです。

しかし，望ましい例として臨床領域における**認知行動療法**による認知と行動の変容，一方，望ましくない例としてカルト宗教などによる**洗脳**（マインド・コントロール）などの存在を考えれば，青年期・成人期における教育効果も十分期待できるはずです。ただし，そのためには方法論的な工夫が必要でしょう。児童用プログラムとまったく同じ方法では効果は薄いにちがいありません。たとえば，青年期・成人期であれば，ある程度複雑な議論も可能であり，その意味では，児童用プログラムではむしろ困難な，意味や倫理を問う高度な論理的アプローチも可能であると思われます。

また，児童にはむしろ悪影響を及ぼしかねない強い刺激などを使って教育的介入をすることも可能です。たとえば，イントンス＝パターソンら（Intons-Perterson et al., 1989）は，レイプの酷さと性的パートナーへの配慮の重要性について描いた教育的な映像を実験参加者に視聴させました。その結果，レイプ神話に対して否定的となり，レイプ被害者に対して同情的となりました。ウィルソンら（Wilson et al., 1992）も，知人によるレイプの被害者のトラウマを描いた映像を見せると，実験参加者はデート・レイプが深刻な社会問題であるという認識を高めたことを示しました。こうした教育的映像を視聴させ，問題の意味を深く考えさせることが，青年や成人への効果的な教育的介入となりうると期待されます。

引用文献

Allen, M., D'Allessio, D., & Brezgel, K. 1995a A meta-analysis summarizing the effects of pornography Ⅱ. Aggression after exposure. *Human Communication Research*, **22**, 258-283.

Allen, M., Emmers, T., Gebhardt, L., & Giery, M. A. 1995b Exposure to pornography and acceptance of rape myths. *Journal of Communication*, **45**, 5-26.

American Psychiatric Association 2000 *Diagnostic and statistical manual of mental disorders : DSM-Ⅳ-TR*. 4th ed., text revision. Wshington, D.C. : American Psychiatric Association アメリカ精神医学会（編） 高橋三郎・大野裕・染矢俊幸（訳） 2002 DSM-Ⅳ-TR 精神疾患の診断・統計マニュアル 医学書院

Anderson, C. A. 2004 An update on the effects of playing violent video games. *Journal of Adolescence*, **27**, 113-122.

Anderson, C. A., & Anderson, K. B. 1998 Temperature and aggression: Paradox, controversy, and a (fairly) clear picture. In R. G. Geen & E. Donnerstein (Eds.), *Human aggression: Theories, research and implications for social policy*. (pp. 247-298.), San Diego, CA: Academic Press.

Anderson, C. A., & Bushman, B. J. 1997 External validity of "trivial" experiments: The case of laboratory aggression. *Review of General Psychology*, **1**, 19-41.

Anderson, C. A., & Bushman, B. J. 2001 Effects of violent video games on aggressive behavior, aggressive cognition, aggressive affect, physiological arousal and prosocial behavior: A meta-analytic review of the scientific literature. *Psychological Science*, **12**, 353-259.

Anderson, C. A., & Bushman, B. J. 2002 Human Aggression. *Annual Review of Psychology*, **53**, 27-51.

Anderson, C. A., & Bushman, B. J., & Groom, R. W. 1997 Hot years and serious and deadly assaults: Empirical tests of the heat hypothesis. *Journal of Personality and Social Psychology*, **73**, 1213-1223.

Anderson, C. A. & Dill, K. E. 2000 Video games and aggressive thoughts, feelings, and behavior in the laboratory and in life. *Journal of Personality and Social Psychology*, **78**, 772-790.

Anderson, C. A., & Murphy, C. R. 2003 Violent video games and aggressive behavior in young women. *Aggressive Behavior*, **29**, 423-429.

安藤明人・曽我祥子・山崎勝之・島井哲志・嶋田洋徳・宇津井成介・大芦治・坂井明 1999 日本版 Buss-Perry 攻撃性質問紙（BAQ）の作成と妥当性，信頼性の検討 心理学研究，**70**，384-392.

引用文献

Archer, J. 1988 *The behavioural biology of aggression*. Cambridge, UK: Cambridge University Press.

Archer, J., Birring, S. S., & Wu, F. C. W. 1998 The association between testosterone and aggression among young men: Empirical findings and a meta-analysis. *Aggressive Behavior*, **24**, 411-420.

アリストテレス (Aristotle)　戸塚七郎 (訳)　1992　弁論術　岩波文庫

Averill, J. R. 1982 *Anger and aggression: An essay on emotion*. New York: Springer-Verlag.

Averill, J. R. 1983 Studies in anger and aggression: Implications for theories of emotion. *American Psychologist*, **38**, 1145-1180.

Ax, A. F. 1953 The physiological differentiation between fear and anger in humans. *Psychosomatic Medicine*, **15**, 433-442.

Ballard, M. E., & Lineberger, R. 1999 Video game violence and confederate gender: Effects on reward and punishment given by college males. *Sex Roles*, **41**, 541-558.

Bandura, A. 1973 *Aggression: A social learning analysis*. Englewood Cliffs, NJ: Prentice-Hall.

Bandura, A., Ross, D., & Ross, S. A. 1963a Imitation of filmed-mediated aggressive models. *Journal of Abnormal and Social Psychology*, **66**, 3-11.

Bandura, A., Ross, D., & Ross, S. A. 1963b Vicarious reinforcement and imitative learning. *Journal of Abnormal and Social Psychology*, **67**, 601-607.

Baron, R. A. 1976 The reduction of human aggression: A field study of the influence of incompatible reactions. *Journal of Applied Social Psychology*, **6**, 260-274.

Baron, R. A., & Richardson, D. R. 1994 *Human aggression*. 2nd ed., New York: Plenum Press.

Bartholow, B. D., & Anderson, C. A. 2002 Effects of violent video games on aggressive behavior: Potential sex differences. *Journal of Experimental Social Psychology*, **38**, 283-290.

Baumeister, R. F., & Boden, J. M. 1998 Aggression and the self: High self-esteem, low self-control, and ego threat. In R. G. Geen & E. Donnerstein (Eds.), *Human Aggression: Theories, research, and implications for social policy.* (pp.111-137.), San Diego: Academic Press.

Beck, R., & Fernandez, E. 1998a Cognitive-behavioral self-regulation of the frequency, duration, and intensity of anger. *Journal of Psychopathology and Behavioral Assessment*, **20**, 217-229.

Beck, R., & Fernandez, E. 1998b Cognitive-behavioral therapy in the treatment of anger: A meta-analysis. *Cognitive Therapy and Research*, **22**, 63-74.

Beland, K. R. 1996 A schoolwide approach to violence prevention. In R. L. Hampton,

P. Jenkins, & T. P. Gullotta (Eds.), *Preventing violence in America: Vol. 4. Issues in children's and families' lives.* (pp. 209-231.), Thousand Oaks, CA: Sage.

Bell, P. A. 1992 In defense of the negative affect escape model of heat and aggression. *Psychological Bulletin*, **111**, 342-346.

Berkowitz, L. 1962 *Aggression: A social psychological analysis.* New York: McGraw-Hill.

Berkowitz, L. 1965 Some aspects of observed aggression. *Journal of Personality and Social Psychology*, **2**, 359-369.

Berkowitz, L. 1984 Some effects of thoughts on anti- and prosocial influences of media events: A cognitive neoassociation analysis. *Psychological Bulletin*, **95**, 410-417.

Berkowitz, L. 1989 Frustration-aggression hypothesis: Examination and reformulation. *Psychological Bulletin*, **106**, 59-73.

Berkowitz, L. 1993 *Aggression: Its causes, consequences, and control.* Philadelphia, PA: Temple University Press.

Berkowitz, L., & Alioto, J. 1973 The meaning of an observed event as a determinant of its aggressive consequences. *Journal of Personality and Social Psychology*, **28**, 206-217.

Berkowitz, L., & LePage, A. 1967 Weapons as aggression-eliciting stimuli. *Journal of Personality and Social Psychology*, **7**, 202-207.

Bettencourt, B. A., & Kernahan, C. 1997 A meta-analysis of aggression in the presence of violent cues: Effects of gender differences and aversive provocation. *Aggressive Behavior*, **23**, 447-456.

Bettencourt, B. A., & Miller, N. 1996 Gender differences in aggression as a function of provocation: A meta-analysis. *Psychological Bulletin*, **119**, 422-447.

Björkqvist, K. 1994 Sex differences in physical, verbal, and indirect aggression: A review of recent research. *Sex Roles*, **30**, 177-118.

Björkqvist, K., & Niemelä, P. (Eds.) 1992 *Of mice and women: Aspects of female aggression.* San Diego, CA: Academic Press.

Björkqvist, K., Österman, K., & Lagerspetz, K. 1994 Sex differences in covert aggression among adults. *Aggressive Behavior*, **20**, 27-33.

Burks, V. S., Laird, R. D., Dodge, A., Pettit, G. S., & Bates, J. E. 1999 Knowledge structures, social information processing, and children's aggressive behavior. *Social Development*, **8**, 220-236.

Burt, M. R. 1980 Cultural Myths and support for rape. *Journal of Personality and Social Psychology*, **38**, 217-230.

Bushman, B. J. 1995 Moderating role of trait aggressiveness in the effects of violent media on aggression. *Journal of Personality and Social Psychology*, **69**, 950-960.

Bushman, B. J. 2002 Does venting anger feed or extinguish the flame? Catharsis, rumination, distraction, anger, and aggressive responding. *Personality and Social Psychology bulletin*, **28**, 724-731.

Bushman, B. J., & Anderson, C. A. 1998 Methodology in the study of aggression: Integrating experimental and nonexperimental findings. In R. G. Geen & E. Donnerstein (Eds.), *Human aggression: Theories, research and implication for social policy*. (pp. 24-48.), San Diego, CA: Academic Press.

Bushman, B. J., & Baumeister, R. F. 1998 Threatened egotism, narcissism, self-esteem, and direct and displaced aggression: Does self-love or self-hate lead to violence? *Journal of Personality and Social Psychology*, **75**(1), 219-229.

Bushman, B. J., & Cooper, H. M. 1990 Effects of alcohol on human aggression: An integrative research review. *Psychological Bulletin*, **107**, 341-354.

Bushman, B. J., & Huesmann, L. R. 2001 Effects of televised violence on aggression. In D. G. Singer & J. L. Singer (Eds.), *Handbook of children and the media*. (pp. 223-254.), Thousand Oaks, CA: Sage.

Buss, A. H. 1961 *The psychology of aggression*. New York: Wiley.

Buss, A. H. 1980 *Self-consciousness and social anxiety*. San Francisco: Freeman.

Buss, A. H., & Durkee, A. 1957 An inventory for assessing different kinds of hostility. *Journal of Consulting Psychology*, **21**, 343-349.

Buss, A. H., & Perry, M. 1992 The aggression questionnaire. *Journal of Personality and Social Psychology*, **63**, 452-459.

Cairns, R. B., & Cairns, B. D. 1994 *Lifelines and risks: Pathways of youth in our time*. New York: Cambridge University Press.

Cannon, W. B. 1929 *Bodily Changes in Pain, Hunger, Fear, and Rage*. New York: Appleton-Century.

Carlson, M., Marcus-Newhall, A., & Miller, N. 1989 Evidence for a general construct of aggression. *Personality and Social Psychology Bulletin*, **15**, 377-389.

Carlson, M., Marcus-Newhall, A., & Miller, N. 1990 Effects of situational aggression cues: A quantitative review. *Journal of Personality and Social Psychology*, **58**, 622-633.

Centerwall, B. S. 1992 Television and violence: The scale of the problem and where to go from here. *Journal of the American Medical Association*, **267**, 3059-3063.

Coie, J. D., & Dodge, K. A. 1998 Aggression and antisocial behavior. In W. Damon & N. Eisenberg (Eds.), *Handbook of child psychology*. 5th ed., (pp. 779-862.), New York: Wiley.

Cooper, J., & Mackie, D. 1986 Video games and aggression in children. *Journal of*

Applied Social Psychology, **16**, 726-744.

Cornelius, R. R. 1996 *The Science of Emotion: Research and tradition in the psychology of emotions.* Englewood Cliffs, NJ; Prentice-Hall.［コーネリアス，R．斉藤勇（監訳）　1999　感情の科学：心理学は感情をどこまで理解できたか　誠信書房］

Crick, N. R., & Dodge, K. A. 1994 A review and reformulation of social information processing mechanisms in children's adjustment. *Psychological Bulletin*, **115**, 74-101.

Crick, N. R., & Grotpeter, J. K. 1995 Relational aggression, gender, and social-psychological adjustment. *Child Development*, **66**, 710-722.

Daly, M., & Wilson, M. 1988 *Homicide.* New York: Aldine.［デイリー，M．ウィルソン，M．長谷川眞理子・長谷川寿一（訳）　1999　人が人を殺すとき：進化でその謎をとく　新思索社］

Darwin, C. 1859 *On the origins of species.* London: Murray.［ダーウィン，C．八杉龍一（訳）　1990　種の起源＜上＞＜下＞　岩波文庫］

Deffenbacher, J. L., Dahlen, E. R., Lynch, R. S., Morris, C. D., & Gowensmith, W. N. 2000a An application of Beck's cognitive therapy to general anger reduction. *Cognitive Therapy and Research*, **24**, 689-697.

Deffenbacher, J. L., Huff, M. E., Lynch, R. S., Oetting, E. R., & Salvatore, N. F. 2000b Characteristics and treatment of high-anger drivers. *Journal of Counseling Psychology*, **47**, 5-17.

Deffenbacher, J. L., McNamara, K., Stark, R. S., & Sabadell, P. M. 1990 A comparison of cognitive-behavioral and process-oriented group counseling for general anger reduction. *Journal of Counseling and Development*, **69**, 167-172.

Dill, K. E., & Dill, J. C. 1998 Video game violence: A review of the empirical literature. *Aggression and Violent Behavior*, **3**, 407-428.

Dill, K. E., Anderson, C. A., Anderson, K. B., & Deuser, W. E. 1997 Effects of aggressive personality on social expectations and social perceptions. *Journal of Research in Personality*, **31**, 272-292.

Dollard, J., Doob, L. W., Miller, N. E., Mowrer, O. H., & Sears, R. R. 1939 *Frustration and aggression.* New Haven, CT: Yale University Press.［ドラード，J．他　宇津木保（訳）　1959　欲求不満と暴力　誠信書房］

Dominick, J. R. 1984 Videogames, television violence, and aggression in teenagers. *Journal of Communication*, **34**, 136-147.

Donnerstein, E. 1984 Pornography : Its effect on violent against women. In N. M. Malamuth & E. Donnerstein (Eds.), *Pornography and sexual aggression* (pp. 53-81.), Orlando, FL : Academic Press.

Donnerstein, E., Donnerstein, M., & Barrett, G. 1976 Where is the facilitation of media violence: The effects of nonexposure and placement of anger arousal. *Journal of Research in Personality*, **10**, 386-398.

Dunand, M., Berkowitz, L., & Leyens, J-P. 1984 Audience effects when viewing aggressive movies. *British Journal of Social Psychology*, **23**, 69-76.

Eagly, A. H. 1987 *Sex differences in social behavior: A social role interpretation*. Hillsdale, NJ: Lawrence Erlbaum Associates.

Eagly, A. H., & Steffen, V. J. 1986 Gender and aggressive behavior: A meta-analytic review of the social psychological literature. *Psychological Bulletin*, **100**(3), 309-330.

Eagly, A. H., & Wood, W. 1999 The origins of sex differences in human behavior: Evolved dispositions versus social roles. *American Psychologist*, **54**, 408-423.

Englander, E. K. 1997 *Understanding violence*. Mahwah, NJ: Lawrence Erlbaum Associates Inc.

Erdley, C. A., & Asher, S. R. 1998 Linkages between children's beliefs about the legitimacy of aggression and their behavior. *Social Development*, **7**, 321-339.

Finnegan, R. A., Hodges, E. V. E., & Perry, D. G. 1996 Preoccupied and avoidant coping during middle childhood. *Child Development*, **67**, 1318-1328.

Fling, S., Smith, L., Rodriguez, T., Thornton, D., Atkins, E., & Nixon, K. 1992 Videogames, aggression, and self-esteem: A survey. *Social Behavior and Personality*, **20**, 39-46.

Frank, R. H. 1988 *Passions within reason: The strategic role of the emotions*. New York: W. W. Norton & Company.［フランク，R. H.　山岸俊男（監訳）　1995　オデッセウスの鎖：適応プログラムとしての感情　サイエンス社］

Freud, S. 1920 *Beyond the pleasure principle*. New York: Bantam Books.［フロイト，S．中山　元（訳）　1996　快感原則の彼岸　『自我論集』所収　ちくま文芸文庫］

Frey, K. S., Hirschstein, M. K., & Guzzo, B. A. 2000 Second step: Preventing aggression by promoting social competence. *Journal of Emotional and Behavioral Disorders*, **8**, 102-112.

Funk, J. B., Baldacci, H. B., Pasold, T., & Baumgardner, J. 2004 Violent exposure in real-life, video games, television, movies, and the internet: Is there desensitization? *Journal of Adolescence*, **27**, 23-39.

Geen, R. G. 1990 *Human aggression*. Milton Keynes, UK: Open University Press.

Geen, R. G. 1995 Violence. In A. S. R. Manstead & M. Hewstone (Eds.), *Blackwell dictionary of social psychology* (p. 669). Oxford: Blackwell.

Geen, R. G., & Berkowitz, L. 1967 Some conditions facilitating the occurrence of aggression after the observation of violence. *Journal of Personality*, **35**, 666-676.

Geen, R. G., & McCown, E. J., 1984 Effects of noise and attack on aggression and physiological arousal. *Motivation and Emotion*, **8**, 231-241.

Geen, R. G., & Stonner, D. 1973 Context effects in observed violence. *Journal of Personality and Social Psychology*, **25**, 145-150.

Gentile, D. A., Lynch, P. J., Linder, J. R., & Walsh, D. A. 2004 The effects of violent video game habits on adolescent hostility, aggressive behaviors, and school performance. *Journal of Adolescence*, **27**, 5-22.

Gerbner, G., Gross, L., Morgan, M., & Signorielli, N. 1994 Growing up with television: The cultivation perspective. In J. Bryant & D. Zillmann (Eds.), *Media effects: Advances in theory and reseach.* (pp. 17-41.), Hillsdale, NJ: Lawrence Erlbaum Associates.

Giancola, P. R., & Chermack, S. T. 1998 Construct validity of laboratory aggression paradaigms: A response to Tedeschi and Quigley 1996 *Aggression and Violent Behavior*, **3**, 237-253.

Graybill, D., Strawniak, M., Hunter, T., & O'Leary, M. 1987 Effects of playing versus observing violent versus nonviolent video games on chindren's aggression. *Psychology: A Quarterly Journal of Human Behavior*, **24**, 1-8.

Greenberg, B. S. 1975 British children and televised violence. *Public Opinion Quarterly*, **38**, 531-547.

Halford, W. K., Sanders, M. R., Behrens, B. C. 2000 Repeating the errors of out parents? Family-of-origin spouse violence and observed conflict management in engaged couples. *Family Process*, **39**, 219-235.

Harris, M. B. 1974 Mediators between frustration and aggression in a field experiment. *Journal of Experimental Social Psychology*, **10**, 561-571.

Hartmann, D. 1969 Influence of symbolically modeled instrumental aggression and pain cues on aggression. *Journal of Personality and Social Psychology*, **11**, 280-288.

Hartnagel, T. F., Teevan Jr., J. J., & McIntyre, J. J. 1975 Television violence and violent behavior. *Social Forces*, **54**, 341-351.

長谷川寿一・長谷川眞理子 2000 進化と人間行動 東京大学出版会

日比野桂・湯川進太郎 2004 怒り経験の鎮静化過程—感情・認知・行動の時系列的変化— 心理学研究, **74**, 521-530.

Hicks, D. J. 1968 Effects of co-observer's sanctions and adult presence on imitative aggression. *Child Development*, **39**, 303-309.

平石 界 2000 進化心理学:理論と実証研究の紹介 認知科学, **7**, 341-356.

Hogben, M. 1998 Factors moderating the effect of televised aggression on viewer behavior. *Communication Research*, **25**, 220-247.

Huesmann, L. R. 1988 An information processing model for the development of aggression. *Aggressive Behavior*, **11**, 13-24.

Huesmann, L. R. 1998 The role of information processing and cognitive schema in the acquisition and maintenance of habitual aggressive behavior. In R. G. Geen & E. Donnerstein (Eds.), *Human aggression: Theories, research, and implications for social policy*. (pp. 73-109.), San Diego, CA: Academic Press.

Huesmann, L. R., & Eron, L. D.(Eds.) 1986 *Television and the aggressive child: A cross-national comparison*. Hillsdale, NJ: Lawrence Erlbaum Associates.

Huesmann, L. R., & Miller, L. S. 1994 Long-term effects of the repeated exposure to media violence in childhood. In L. R. Huesmann (Eds.), *Aggressive behavior: Current perspectives*. (pp. 153-186.), New York: Plenum Press.

Intons-Perterson, M. J., Roskos-Ewoldsen, B., Thomas, L., Shirley, M., & Blut, D. 1989 Will educational material reduce negative effects of exposure to sexual violence. *Journal of Social and Clinical Psychology*, **8**, 256-275.

Irwin, A. R. & Gross, A. M. 1995 Cognitive tempo, violent video games, and aggressive behavior in young boys. *Journal of Family Violence*, **10**, 337-350.

Iwao, S., de-Sola-Pool, I., & Hagiwara, S. 1981 Japanese and U. S. media: Some cross-cultural insights into TV violence. *Journal of Communication*, **31**, 28-36.

岩男壽美子 2000 テレビドラマのメッセージ―社会心理学的分析― 勁草書房

Izard, C. 1977 *Human emotions*. New York: Plenum. [イザード, C. E. 荘厳舜哉（監訳） 比較発達研究会（訳） 1996 感情心理学 ナカニシヤ出版]

井澤修平・依田麻子・児玉昌久 2002 誘発された怒りに対する呼吸法の効果 健康心理学研究, **15**, 21-28.

井澤修平・依田麻子・児玉昌久・野村忍 2003 怒り表出・経験と心臓血管系反応の関連について 行動医学研究, **9**, 16-22.

井澤修平・児玉昌久・野村忍 2004 怒り表出・抑制と健康診断時測定の血圧の関連性 ストレス科学研究, **19**, 13-17.

Jaffee, D., & Straus, M. A. 1987 Sexual climate and reported rape: A state-level analysis. *Archives of Sexual Behavior*, **16**, 107-123.

James, W. 1892 *Psychology: The briefer course*. [ジェームズ, W. 今田寛（訳） 1993 心理学 上・下 岩波文庫]

Jo, E., & Berkowitz, L. 1994 A priming effect analysis of media influence: An update. In J. Bryant & D. Zillmann (Eds.), *Media effects: Advances in theory and research*. (pp. 43-60.), Hillsdale, NJ: Lawrence Erlbaum Associates.

Jorgensen, R. S., Johnson, B. T., Kolodziej, M. E., & Schreer, G. E. 1996 Elevated blood pressure and personality: A meta-analytic review. *Psychological Bulletin*, **120**, 293-320.

Josephson, W. L. 1987 Television violence and children's aggression: Testing the priming, social script, and disinhibition predictions. *Journal of Personality and Social Psychology*, **53**, 882-890.

影山任佐　1999　「空虚な自己」の時代　NHKブックス
Kant, I. 1787 *Kritik der Reinen Vernunft*.［カント，I. 篠田英雄（訳）　1962　純粋理性批判　上・中・下　岩波文庫］
Keeney, B. T., & Heide, K. M. 1994 Gender differences in serial murderers. *Journal of Interpersonal Violence*, **9**, 383-398.
Kingston, L., & Prior, M. 1995 The development of patterns of stable, transient, and school-age onset aggressive behavior in young children. *Journal of the American Academy of Child and Adolescent Psychiatry*, **34**, 348-358.
木野和代　2000　日本人の怒り表出方法とその対人的影響　心理学研究，**70**，494-502．
木野和代　2003　対人場面における怒りの表出方法の適切性・効果性認知とその実行との関連　感情心理学研究，**10**，43-55．
Kirsh, S. J. 1998 Seeing the world through mortal kombat-colored glasses: Violent video games and the development of a short-term hostile attribution bias. *Childhood*, **5**, 177-184.
清永賢二　1999　現代少年非行の世界：空洞の世代の誕生　清永賢二（編）　少年非行の世界：空洞の世代の誕生（pp. 1-35.）　有斐閣選書
小林久美子　2000　インターネットと社会的不適応　坂元章（編）　インターネットの心理学（pp. 122-134.）　学文社
Kohut, H. 1971 *The analysis of the self.* New York: International University Press.［コフート，H. 水野信義・笠原嘉（監訳）　1994　自己の分析　みすず書房］
Kohut, H. 1984 *How Does Analysis Cure?* Chicago: University of Chicago Press.［コフート，H.　本城秀次・笠原嘉（監訳）　1995　自己の治癒　みすず書房］
Krahé, B. 2001 *The social psychology of aggression.* East Sussex, UK: Psychology Press.［クラーエ，B. 秦一士・湯川進太郎（編訳）　2004　攻撃の心理学　北大路書房］
Krahé, B. & Möller, I. 2004 Playing violent electronic games, hostile attributional style, and aggression-related norms in German adolescents. *Journal of Adolescence*, **27**, 53-69.
Laub, J. H., & Lauritsen, J. L. 1995 Violent criminal behavior over the life-course: A review of the longitudinal and comparative research. In B. R. Ruback & N. A. Weiner (Eds.), *Interpersonal Violent behaviors*. (pp. 43-61.), New York: Springer.
Lefkowitz, M. M., Eron, L. D., Walder, L. O., & Huesmann, L. R. 1977 *Growing up to be violent.* New York: Pergamon.
Lepore, S. J., & Smyth, J. M. (Eds.) 2002 *The writing cure: How expressive writing promotes health and emotional well-being.* Washinton, DC: American Psychological Association.［レポーレ，S. T. スミス，J. M. 余語夫夫・佐藤健二・河野和明・大平英樹・湯川進太郎（監訳）　2004　筆記療法：トラウマやスト

レスの筆記による心身健康の増進　北大路書房］

Lieberman, J. D., Solomon, S., Greenberg, J., & McGregor, H.A.　1999　A hot new way to measure aggression : Hot sauce allocation. *Aggressive Behavior*, **25**, 331-348.

Lightdale, J. R., & Prentice, D. A.　1994　Rethinking sex differences in aggression. Aggressive behavior in the absence of social roles. *Personality and Social Psychology Bulletin*, **20**, 34-44.

Lin, S., & Lepper, M. R.　1987　Correlates of children's usage of videogames and computers. *Journal of Applied Social Psychology*, **17**, 72-93.

Linz, D.　1989　Exposure to sexually explicit materials and attitudes toward rape: A comparison of study results. *Journal of Sex Research*, **26**, 50-84.

Linz, D., Donnerstein, E., & Adams, S.　1989　Physiological desensitization and iudgments about female victims of violence. *Human Communication Research*, **15**, 509-522.

Litrownik, A. J., Newton, R., Hunter, W. M., English, D., & Everson, M. D.　2003　Exposure to family violence in young at-risk children: A longitudinal look at the effects of victimization and witnessed physical and psychological aggression. *Journal of Family Violence*, **18**, 59-73.

Lochman, J. E., & Dodge, K. A.　1994　Social-cognitive processes of severely violent, moderately aggressive and nonaggressive Boys. *Journal of Consulting and Clinical Psychology*, **62**, 366-374.

Loeber, R., & Hay, D.　1997　Key issues in the development of aggression from childhood to early adulthood. *Annual Review of Psychology*, **48**, 371-410.

Loeber, R., & Stouthamer-Loeber, M.　1998　Development of juvenile aggression and violence: Some common misconceptions and controversies. *American Psychologist*, **53**, 242-259.

Lorenz, K.　1963　*Das sogenannte bose: Zur naturgeschichite der aggression*. Wien: Dr. G. Borotha-Scoeler Verlag.［ローレンツ，K.　日高敏隆・久保和彦（訳）　1985　攻撃―悪の自然誌　みすず書房］

Maccoby, E.　1998　*The two sexes: Growing up apart, coming together*. Cambridge, MA: Belknap Press.

Markus, H., & Nurius, P.　1986　Possible selves. *American Psychologist*, **41**, 954-969.

増田智美・長江信和・根建金男　2002　怒りの表出傾向が認知行動療法の効果に及ぼす影響―行動に焦点をあてた参加者主体の社会的スキル訓練を適用して―　行動療法研究，**28**，123-135.

松尾直博　2002　学校における暴力・いじめ防止プログラムの動向―学校・学級単位での取り組み―　教育心理学研究，**50**，487-499.

Meichenbaum, D. H.　1975　*Stress inoculation training*. New York: Pergamon Press.

Milavsky, J. R., Stipp, H. H., Kessler, R. C., & Rubens, W. S. 1982 *Television and aggression: A panel study.* New York: Academic Press.

Miller, N. E. 1941 The frustration-aggression hypothesis. *Psychological Review*, **48**, 337-342.

三根　浩・浜　治世・大久保純一郎　1997　怒り行動尺度日本語版の標準化への試み　感情心理学研究，**4**，14-21.

Muller, M. M., Rau, H., Brody, S., Elbert, T., & Heinle, H. 1995 The relationship between habitual anger coping style and serum lipid and lipoprotein concentrations. *Biological Psychology*, **41**, 69-81.

Mullin, C. R., & Linz, D. 1995 Desensitization and resensitization to violence against women : Effects of exposure to sexually violent films on judgments of domestic violence victims. *Journal of Personality and Social Psychology*, **69**, 449-459.

中村澄子・湯川進太郎・坂野雄二　2001　暴力映像が攻撃行動に及ぼす影響—攻撃性の個人差の効果—　日本心理学会第65回大会発表論文集，805.

西垣　通　1995　聖なるヴァーチャル・リアリティ：情報システム社会論　岩波書店

西村秋生・松崎一葉・垣渕洋一・岡田幸之・佐藤親次　1996　年少者を対象とした暴力映像視聴時における付加情報の影響力の評価　人間工学，**32**，81-86.

Nitobe, I. 1899/2001 *Bushido: The soul of Japan.* Boston, MA: Tuttle Publishing.

Nolen-Hoeksema, S., & Morrow, J. 1993 Effects of rumination and distraction on naturally occurring depressed mood. *Cognition and Emotion*, **7**, 561-570.

Nolen-Hoeksema, S., Morrow, J., & Fredrickson, B. L. 1993 Response styles and duration of depressed moods. *Journal of Abnormal Psychology*, **102**, 20-28.

Novaco, R. W. 1975 *Anger control: The development and evaluation of an experimental treatment.* Lexington, MA: D.C. Heath.

Novaco, R. W. 1994a Anger as a risk factor for violence among the mentally disordered. In J. Monahan & H. J. Steadman (Eds.), *Violence and mental disorder: Developments in risk assessment.* (pp.21-59.), Chicago: University of Chicago Press.

Novaco, R. W. 1994b Clinical problems of anger and its assessment and regulation through a stress coping skills approach. In W. O'Donohue & L. Krasner (Eds.), *Handbook of psychological skills training: Clinical techniques and applications.* (pp. 320-338.), Allyn & Bacon.

O'Brien, S. F., & Bierman, K. L. 1987 Conceptions and perceived influence of peer groups: Interviews with preadolescents and adolescents. *Child Development*, **59**, 1360-1365.

落合良行　1982　孤独感の内包的構造に関する仮説　教育心理学研究，**30**，233-238.

Öesterman, K., Björkqvist, K., Lagerspetz, K. M. J., Kaukiainen, A., & Landau, S. F.

1998 Cross-cultural evidence of female indirect aggression. *Aggressive Behavior*, **24**, 1-8.

大渕憲一 1987 成人の怒り経験における男女差 大阪教育大学紀要Ⅳ教育科学, **36**, 25-32.

大渕憲一 1991 暴力的ポルノグラフィー：女性に対する暴力，レイプ傾向，レイプ神話，及び性的反応との関係 社会心理学研究, **6**, 119-129.

大渕憲一 1993 人を傷つける心―攻撃性の社会心理学― サイエンス社

Ohbuchi, K., Ikeda, T., & Takeuchi, G. 1994 Effects of violent pornography upon viewer's rape myth beliefs: A study of Japanese males. *Psychology, Crime & Law*, **1**, 71-81.

大渕憲一・石毛 博・山入端津由・井上和子 1985 レイプ神話と性犯罪 犯罪心理学研究, **23**(2), 1-12.

大渕憲一・北村俊則・織田信男・市原眞紀 1994 攻撃性の自己評定法―文献展望― 季刊精神科診断学, **5**, 443-455.

Ohbuchi, K., & Takahashi, Y. 1994 Cultural styles of conflict management in Japanese and Americans: Passivity, covertness, and effectiveness of strategies. *Journal of Applied Social Psychology*, **24**, 1345-1366.

大渕憲一・小倉左知男 1984 怒りの経験（１）：アベリルの質問紙による成人と大学生の調査概況 犯罪心理学研究, **22**, 15-35.

岡田 努 1998 はまる：インターネット中毒 川浦康至（編） インターネット社会 現代のエスプリ 370 (pp. 167-176.) 至文堂

小塩真司 1998 青年の自己愛傾向と自尊感情，友人関係のあり方との関連 教育心理学研究, **46**, 280-290.

小塩真司 2002 自己愛傾向によって青年を分類する試み：対人関係と適応，友人によるイメージ評定からみた特徴 教育心理学研究, **50**, 261-270.

Paik, H., & Comstock, G. 1994 The effects of television violence on antisocial behavior: A meta-analysis. *Communication Research*, **21**, 516-546.

Parke, R. D., Berkowitz, L., Leyens, J-P., West, S. G., & Sebastian, R. J. 1977 Some effects of violent and nonviolent movies on the behavior of juvenile delinquents. In L. Berkowitz (Ed.), *Advances in experimental social psychology*, vol.10 (pp. 135-172.), New York: Academic Press.

Parker, R. N., & Auerhahn, K. 1999 Drugs, alcohol, and homicide. In M. D. Smith & M. A. Zahn (Eds.), *Homicide: A sourcebook of social research.* (pp. 176-191.), Thousand Oaks, CA: Sage.

Phillips, D. P. 1986 Natural experiments on the effects of mass media violence on fatal aggression: Strengths and weaknesses of a new approach. In L. Berkowitz (Ed.), *Advances in experimental social psychology*, vol.19 (pp. 207-250.), New York:

Academic Press.
Pollard, P. 1995 Pornography and sexual aggression. *Current Psychology: Developmental, Learning, Personality, Social.* **14**, 200-221.
Richardson, D. R., Green, L. R., & Lago, T. 1998 The relationship between perspective-taking and nonaggressive responding in the face of an attack. *Journal of Personality*, **66**, 235-256.
Richardson, D. R., Hammock, G. S., Smith, S., Gardner, W. L., & Signo, M. 1994 Empathy as a cognitive inhibitor of interpersonal aggression. *Aggressive behavior*, **20**, 275-289.
Robinson, T. W., Smith, S. W., Miller, M. D., & Brownell, M. T. 1999 Cognitive behavior modification of hyperactivity-impulsivity and aggression: A meta-analysis of school-based studies. *Journal of Educational Psychology*, **91**, 195-203.
Rotten, J., Frey, J., Barry, T., Milligan, M., & Fitzpatrick, M. 1979 The air pollution experience and physical aggression. *Journal of Applied Social Psychology*, **9**, 397-412.
Russell, G. W. 1993 *The social psychology of sport.* New York: Springer.
Rusting, C. L., & Nolen-Hoeksema, S. 1998 Regulating responses to anger: Effects of rumination and distraction on anger mood. *Journal of Personality and Social Psychology*, **74**, 790-803.
坂元 章 2004 テレビゲームと子どもの心―子どもたちは凶暴化していくのか?― メタモル出版
佐々木輝美 1996 メディアと暴力 勁草書房
Schachter, J. 1957 Pain, fear, and anger in hypertensives and normotensives: A psychophysiological study. *Psychosomatic Medicine*, **19**, 17-29.
Schachter, S. 1964 The interaction of cognitive and physiological determinants of emotional state. In L. Berkowitz (Eds.), *Advances in experimental social psychology*, vol.1. (pp.49-80.), New York: Academic Press.
Schutte, N. S., Malouff, J. M., Post-Gorden, J. C., & Rodasta, A. L. 1988 Effects of playing videogames on children's aggressive and other behaviors. *Journal of Applied Social Psychology*, **18**, 454-460.
Scott, C. L. 1999 Juvenile violence. *Forensic Psychology*, **22**, 71-83.
Scott, J. E., & Schwalm, L. 1988 Rape rates and the circulation rates of adult magazines. *Journal of Sex Research*, **24**, 241-250.
Silvern, S. B., & Williamson, P. A. 1987 The effects of video game play on young children's aggression, fantasy, and prosocial behavior. *Journal of Applied Developmental Psychology*, **8**, 453-462.
Singer, M. I., Slovak, K., Frierson, T., & York, P. 1998 Viewing preferences, symp-

toms of psychological trauma, and violent behaviors among children who watch television. *Journal of the American Academy of Child and Adolescent Psychiatry*, **37**, 1041-1048.

Spielberger, C. D. 1988 *Manual for the state-trait anger expression inventory (STAXI)*. Odessa, FL: Psychological Assessment Resources.

菅原健介 1984 自意識尺度（self-consciousness scale）日本語版作成の試み 心理学研究，**55**，184-188.

杉原一昭・天貝由美子 1996 特性的および類型的観点からみた信頼感の発達 筑波大学心理学研究，**18**，129-133.

鈴木 平・春木 豊 1994 怒りと循環器系疾患の関連性の検討 健康心理学研究，**7**(1)，1-13.

Taylor, S. P. 1967 Aggressive behavior and physiological arousal as a function of provocation and the tendency to inhibit aggression. *Journal of Personality and Social Psychology*, **35**, 297-310.

Tedeschi, J. T., & Felson, R. B. 1994 *Violence, aggression, and coercive actions*. Washington, DC: American Psychological Association.

Tedeschi, J. T., & Nesler, M. 1993 Grievances: Development and reactions. In R. B. Felson & J. T. Tedeschi (Eds.), *Aggression and violence: A social interactionist perspective*. Washington, DC: American Psychological Association.

Tedeschi, J. T., & Quigley, B. M. 1996 Limitations of laboratory paradigms for studying aggression. *Aggression and Violent Behavior*, **1**, 163-177.

戸田正直 1992 感情：人を動かしている適応プログラム 東京大学出版会

豊島 昇 1998 演じる：オンラインゲームの中の私 川浦康至（編） インターネット社会 現代のエスプリ370（pp. 177-187.） 至文堂

Van Schie, E. G. M., & Wiegman, O. 1997 Children and videogames: Leisure activities, aggression, social integration, and school performance. *Journal of Applied Social Psychology*, **27**, 1175-1194.

Ward, C. 1995 *Attitudes toward rape*. London: Sage.

渡辺俊太郎・小玉正博 2001 怒り感情の喚起・持続傾向の測定―新しい怒り尺度の作成と信頼性・妥当性の検討― 健康心理学研究，**14**(2)，32-39.

White, J. W., & Kowalski, R. M. 1994 Deconstructing the myth of the nonaggressive woman. *Psychology of Women Quarterly*, **18**, 487-508.

White, J. W., & Kowalski, R. M. 1998 Male violence toward women: An integrated perspective. In R. G. Geen & E. Donnerstein (Eds.), *Human aggression: Theories, research and implications for social policy*. (pp. 203-228.), San Diego, CA: Academic Press.

Wiegman, O., & Van Schie, E. G. M. 1998 Video game playing and its relations with aggressive and prosocial behaviour. *British Journal of Social Psychology*, **37**, 367-378.

Wiehe, V. R. 1998 *Understanding family violence*. Thousand Oaks, CA: Sage.

Wilson, B. J. 1995 Effects of media violence: Aggression, desensitization, and fear. *Les Cahairs de la sécurité Intérieure*, **20**, 21-37.

Wilson, B. J., Linz, D., Donnerstein, E., & Stipp, H. 1992 The impact of social issue television programming on attitude toward rape. *Human Communication Research*, **19**, 179-208.

Wood, W., Wong, F. Y., & Chachere, J. G. 1991 Effects of media violence on viewers'aggression in unconstrained social interaction. *Psychological Bulletin*, **109**, 371-383.

山崎勝之　2000　心の健康教育―子どもを育て，学校を立て直す―　星和書店

吉田富二雄・湯川進太郎　2000　暴力映像の印象評価と感情―映像の分類：暴力性と娯楽性の観点から―　筑波大学心理学研究，**22**，123-137.

湯川進太郎　2001a　仮説的構成概念としての行動の意図性―社会心理学における攻撃研究から―　行動科学，**40**，63-69.

湯川進太郎　2001b　攻撃・怒り　吉田富二雄（編）　心理測定尺度集Ⅱ：人間と社会のつながりをとらえる＜対人関係・価値観＞（pp. 198-214.）　サイエンス社

湯川進太郎　2002a　自己存在感と攻撃性―自己存在感の希薄さ尺度の信頼性と妥当性の検討―　カウンセリング研究，**35**，219-228.

湯川進太郎　2002b　メディアに描かれる暴力に接する　松井豊（編）　対人心理学の視点（p.245-260）　ブレーン出版

湯川進太郎　2002c　テレビと暴力　坂元章（編）　メディアと人間の発達（pp. 41-57.）学文社

Yukawa, S. 2002 Diminished sense of self-existence and self-reported aggression among Japanese students. *Psychological Reports*, **90**, 634-638.

湯川進太郎　2003　青年期における自己愛と攻撃性―現実への適応と虚構への没入をふまえて―　犯罪心理学研究，**41**(2)，27-36.

Yukawa, S. 2004 Diminished sense of self-existence and aggression: The psychology of modern Japanese youths. In J. P. Morgan (Ed.), *Focus on Aggression Research*. (pp.75-90.), New York: Nova Science Publishers.

湯川進太郎　2004　ストレスと攻撃　ストレス科学，**19**，24-31.

湯川進太郎・遠藤公久・吉田富二雄　2001　暴力映像が攻撃行動に及ぼす影響―挑発による怒り喚起の効果を中心として―　心理学研究，**72**，1-9.

湯川進太郎・泊　真児　1999　性的情報接触と性犯罪行為可能性：性犯罪神話を媒介として　犯罪心理学研究，**37**(2)，15-28.

湯川進太郎・日比野桂　2003　怒り経験とその鎮静化過程　心理学研究，**74**，428-436.

引用文献

湯川進太郎・吉田富二雄　1997　暴力映像が視聴者に及ぼす影響―実験研究の検討―　筑波大学心理学研究，**19**，175-185.

湯川進太郎・吉田富二雄　1998a　暴力映像が視聴者の感情・認知・生理反応に及ぼす影響　心理学研究，**69**，89-96.

湯川進太郎・吉田富二雄　1998b　暴力映像と攻撃行動：他者存在の効果　社会心理学研究，**13**，159-169.

湯川進太郎・吉田富二雄　1999a　暴力映像が攻撃行動に及ぼす影響―攻撃行動は攻撃的な認知および情動によって媒介されるのか？―　心理学研究，**70**，94-103.

湯川進太郎・吉田富二雄　1999b　暴力映像と攻撃行動：暴力性および娯楽性の観点による新たなモデルの提出　心理学評論，**42**，487-505.

湯川進太郎・吉田富二雄　2001　暴力的テレビゲームと攻撃：ゲーム特性および参加性の効果　筑波大学心理学研究，**23**，109-121.

湯川進太郎・吉田富二雄　2003　暴力映像の特性分析：表現特性および文脈特性が感情反応に及ぼす効果　社会心理学研究，**18**，127-136.

Yukawa, S., & Yoshida, F. (unpublished). *Violent Video Games and Aggression: The Effects of Game Types and Participation.*

Zillmann, D.　1979　*Hostility and aggression.* Hillsdale, NJ: Lawrence Erlbaum Associates.

Zillmann, D.　1991　Television viewing and physiological arousal. In J. Bryant & D. Zillmann (Eds.), *Responding to the screen: Reception and reaction processes.* (pp. 103-133.), Hillsdale, NJ: Lawrence Erlbaum Associates.

Zillmann, D.　1998　*Connections between sexuality and aggression.* 2nd ed., Mahwah, NJ: Lawrence Erlbaum Associates.

Zillmann, D., Baron, R. A., & Tamborini, R.　1981　Social costs of smoking: Effects of tobacco smoke on hostile behavior. *Journal of Applied Social Psychology,* **11**, 548-561.

Zumkley, H.　1994　The stability of aggressive behavior: A meta-analysis. *German Journal of Psychology,* **18**, 273-281.

あとがき

　この本を手にとっていただき，ありがとうございます。立ち読みですまさずに，できたらそのままレジに行って購入してください。今，図書館で閲覧しているのなら，書名と著者名と出版社名だけメモして本屋に行って購入あるいは注文してください。私としてはできれば，鉛筆で書き込みしたりマーカーで線を引っ張ったりページを折り曲げたりして汚く読んでもらいたいので，個人的な所有物として手元に置いていただけることを希望します。

　この本は，十数年前に私が心理学を始めてこの方取り組んできた研究を，全部ひっくるめてまとめたものです。強引にまとめましたので，ゴッタ煮の感が否めませんが，どうかお許しください。ですので，読者各人，用を為すところだけを拾い読みしていただければよいかと思います。

　この本を書いたことによって，私個人としては，自分がこれまで取り組んできた研究を総まとめできたことに，1つの安堵感を覚えています。一方，みなさん読者の方にとっては，攻撃研究を広く捉えていただくうえでの参考書代わりになるのではないかと自負しています（それだけなるべく手広くテーマを拾いました）。この本が，私自身の，また，読者の方の，今後の仕事や研究の糧になれば幸いです。

あとがき

　こうして今，私が一冊の本を書けるのも，ひとえに今までお世話になった先生方や家族・友人・知人おかげであることは，今さら言うまでもありません。これまで多くの方々の助力に支えられ，研究が続けてこられたことに，深く感謝しています。中でも，吉田富二雄先生（筑波大学）は，私の研究者人生を導いていただいた師であり最大の恩人でもあるので，感謝の意を述べる言葉さえ見つかりません。その意味で，この本は，先生への恩返しの1つの形でもあります。

　この本を書くにあたり，最初，北大路書房の関一明さんからお話をいただいたのは，もう数年前になります。そのときはまだ，自分が本を書くなんてことはあまり現実感がなく，のらりくらりとかわしていたのですが，一昨年ようやく，これまでの研究を1冊の本にまとめてみようという気になりました。関さんによる根気強い説得と励ましがなければ，今ここには至らなかったものと思います。この場を借りて深くお礼申し上げます。本当にありがとうございました。

2005 年 7 月

湯川進太郎

【著者紹介】

湯川進太郎（ゆかわ・しんたろう）
1971年　愛知県名古屋市に生まれる
1990年　愛知県立旭丘高等学校卒業
1994年　早稲田大学第一文学部哲学科心理学専修卒業
1999年　筑波大学大学院博士課程心理学研究科修了
現　在　筑波大学大学院人間総合科学研究科講師・博士（心理学）
専門領域　社会心理学，臨床社会心理学，感情心理学
主　著
『攻撃の心理学』　北大路書房　（共編訳）　2004年
『筆記療法』　北大路書房　（共監訳）　2004年
『Focus on Aggression Research』　New York: Nova Science Publishers.
　（分担執筆）2004年

バイオレンス
　攻撃と怒りの臨床社会心理学
────────────────────────────
2005年8月10日　初版第1刷印刷　　　＊定価はカバーに表示
2005年8月20日　初版第1刷発行　　　　してあります。

　　　　　　　　　　　著　　　者　　湯川進太郎
　　　　　　　　　　　発　行　者　　小森公明
　　　　　　　　　　　発　行　所　　㈱北大路書房

〒603-8303　京都市北区紫野十二坊町12-8
　　　　　電　話　(075) 4 3 1 - 0 3 6 1 ㈹
　　　　　Ｆ Ａ Ｘ　(075) 4 3 1 - 9 3 9 3
　　　　　振　替　0 1 0 5 0 - 4 - 2 0 8 3

ⓒ 2005　　　　　　　制作／見聞社　印刷・製本／シナノ印刷㈱
検印省略　　落丁・乱丁本はお取り替えいたします。
　　　　ISBN4-7628-2464-X　　　Printed in Japan